Beende, was du anfängst: Die Kunst des Durchziehens, Handelns, Ausführens und der Selbstdisziplin

Von Peter Hollins,
Autor und Forscher bei
peterhollins.com

peterhollins.com

4

Inhaltsverzeichnis

Einführung

Was genau bedeutet es, zu beenden, was man anfängt und es durchzuziehen? Sie kennen diese Redewendung sicherlich bereits. Aber was bedeutet sie?

Für mich bedeutet sie, dass man seine Vorsätze in die Tat umsetzt. Allzu oft sagen wir, dass wir etwas tun werden, und vielleicht fangen wir es an einem glücklichen Wochenende sogar an. Aber beim ersten Anzeichen von Schwierigkeiten, Müdigkeit, Langeweile oder Beschäftigtsein geben wir es allzu leicht auf und es bleibt für den Rest der Ewigkeit in unserer Garage (mental, bildlich oder buchstäblich) liegen.

Zu beenden, was man anfängt, und es durchzuziehen, bedeutet, diese übliche Schleife zu durchbrechen und Kontrolle über sein Leben zu übernehmen. Es bedeutet, unser Schicksal ernsthaft in die eigenen Hände zu nehmen und aus "eines Tages" ein "heute" zu machen.

Meine persönlichen Erfahrungen mit der Beendigung dessen, was ich anfange, sind sehr wechselhaft. Eines Sommers versprach ich mir, ein Kanu aus Holz zu schnitzen, etwa 30 Zentimeter lang und 8 Zentimeter breit. Nicht zu groß, aber eine ausreichende Herausforderung für jemanden, der keine Erfahrung in der Bearbeitung von Holz hat. In der ersten Woche machte ich eine beachtliche Einkerbung in meinen Holzblock. In der zweiten Woche waren meine Hände wund und der neue *Star Wars* Film lief gerade. In der dritten Woche war ich zu sehr damit beschäftigt, wieder *Star Wars* zu sehen und zu prokrastinieren. Mein Holzkanu sollte einfach nicht sein.

Aber jedes Mal, wenn ich durch meine Garage zu meinem Auto ging, war das Kanu eine verdammende Erinnerung an meine Faulheit und Unfähigkeit, es durchzuziehen.

Es zermürbte mich innerlich, bis ich mich ein paar Jahre später dazu entschloss, es endlich fertigzustellen. Sie können sich wahrscheinlich denken, was passierte. Die erste Woche verlief großartig, die zweite Woche war mäßig, und in der dritten Woche ging ich bereits am Zahnfleisch.

Es war schwierig, auf diese unfertige Aufgabe zu starren. Meine scheinbar endlose Fähigkeit der Prokrastination ließ mich ziemlich mies fühlen. Kurz gesagt, ich habe das Kanu fertiggestellt. Irgendwann.

Ich hatte das Glück, kurz darauf etwas über "Temptation Bundling" zu erfahren, was mir den nötigen Schub gab, um mein Kanu fertigzustellen. Da diese Methode später im Buch ein wichtiges Thema sein wird, möchte ich es kurz erklären: "Temptation Bundling" ist, wenn Sie eine obligatorische (und unliebsame) Aufgabe mit einer sofortigen Belohnung kombinieren. Wenn Sie sich selbst für Ihre harte Arbeit bestechen, erfordert das Beenden dessen, was Sie beginnen, plötzlich keine massive Willenskraft mehr – es ist das Streben nach etwas Angenehmem, wenn auch nur durch Assoziation.

Die Belohnung, mit der ich das Kanu-Schnitzen verbunden habe, war das Anhören meiner Lieblingsalben – etwas, wofür wir heutzutage selten Zeit haben. Wann haben Sie sich das letzte Mal Ihr Lieblingsalbum von Anfang bis Ende ohne Unterbrechung angehört? Das Wunderbare daran ist, dass es wirklich funktioniert hat.

Plötzlich eröffnete sich mir eine neue Welt: Wenn ich eine unliebsame Aufgabe nur angenehm genug gestalten konnte, indem ich sie mit etwas Positivem verband, konnte ich mich durch so ziemlich alles durchackern. Diese kleine Erkenntnis brachte mich tatsächlich dazu, die Wissenschaft des Durchhaltens und Ausführens zu studieren, trotz des instinktiven Widerstands des menschlichen Gehirns, dies zu tun. Wie können wir unsere schlimmsten Instinkte umgehen und Dinge erledigen, wann wir wollen, ohne den Druck einer Deadline im Nacken zu spüren? Wie können wir Aufmerksamkeit auf unsere Aufmerksamkeit lenken und das tun, was am schwierigsten ist – mit höchstem Unbehagen leben?

Ich bin sicher, dass auch Sie Ihre ganz eigene Version eines unfertigen Kanus in Ihrem Leben haben. Wenn Sie dieses Buch in die Hand genommen haben, sind Sie sich wahrscheinlich bewusst, dass einfache Willenskraft und Zwang selten zum Ziel führen – jedenfalls nicht auf Dauer. Ich möchte mit Ihnen die Überzeugung teilen, dass diese halbfertigen Träume, diese Projekte, die einst so aufregend und lohnenswert erschienen, nicht vernachlässigt und vergessen werden müssen. Sie *können* beenden, was Sie begonnen haben.

Ich war für mich selbst in der Lage, großartige Systeme zu entwickeln, die für so ziemlich jeden Kontext angewendet werden können. Es gibt viele Taktiken in diesem Buch – ich verwende nicht immer alle zu jeder Zeit, aber die meisten davon werden für die Mehrheit aller Menschen funktionieren. Wie immer habe ich dieses Buch für mich selbst geschrieben und bin froh und stolz, meine Erkenntnisse teilen zu können. Ich hoffe, sie sind hilfreich und helfen Ihnen, genau das zu erreichen, was Sie sich wünschen. Zumindest hoffe ich, dass sie Sie dazu bringen, von Zeit zu Zeit

Ihre Lieblingsalben zu hören – ein Gewinn an sich!

Kapitel 1. Hör auf zu denken, mach einfach

Esther hat schon eine Million Mal darüber nachgedacht. Seit sechs Jahren steckt sie in einem Schreibtischjob fest und träumt davon, sich nicht mehr mit dem eintönigen Papierkram herumschlagen zu müssen, nicht länger einem anspruchsvollen Chef Rechenschaft ablegen zu müssen und ihren zweijährigen Sohn nicht mehr jeden Tag in der Kindertagesstätte abgeben zu müssen.

Aber wie genau sollten solche Fantasien verwirklicht werden, wenn sie doch ihren Lebensunterhalt verdienen und ihre Familie ernähren musste? Sie hatte die Antwort: Sie wollte ihr eigenes Backgeschäft direkt von zu Hause eröffnen.

Es war alles nur ein Hirngespinst, ein Gedanke, den sie heraufbeschwor, um schwierige Tage bei der Arbeit zu überstehen. Aber eines Tages fühlte sich etwas anders an. Aus irgendeinem Grund beschloss sie schließlich – sie wird es tun. Immerhin war das Backen ihre einzige wahre Leidenschaft. Jahrelang hatte sie Kuchen und Kekse für ihre Freunde gebacken, die sie alle dazu ermutigten, ihr eigenes Geschäft zu eröffnen. Also war es vielleicht gar keine so schlechte Idee, oder?

So begann Esthers Bestreben, ihr Backgeschäft zu eröffnen. Sie kündigte ihren Job aber nicht direkt, sondern beantragte einen zweiwöchigen Urlaub, um die ersten Schritte einzuleiten. *Zuerst*, dachte sie, muss sie *recherchieren*. Sie dachte sich, dass sie alles zuerst geistig ausplanen musste, bevor sie einen weiteren Schritt nach vorne machte.

Je gründlicher sie vorbereitet war, desto besser. Sie wollte alles recherchieren, was es über die Gründung eines solchen Unternehmens zu wissen gibt; von Rezepten bis zum Finanzmanagement. Sie wollte auch ihre Freunde und die ganze Nachbarschaft befragen, um ein Gefühl für die Bedürfnisse des Marktes zu bekommen. In ihrem Kopf begann alles Gestalt anzunehmen.

Leider blieb das, was in Esthers Kopf Gestalt annahm, genau dort – in ihrem Kopf. Vielleicht können Sie schon erahnen, wohin diese Geschichte führt.

Der Gedanke, *alles* darüber lernen zu müssen, wie man ein Backgeschäft von Grund auf gründet und führt, überwältigte Esther so sehr, dass sie wie gelähmt war, auch nur einen Schritt in diese Richtung zu unternehmen. Ihr Traum, in einer Schürze zu stehen, umgeben von köstlichen, selbst entworfenen Leckereien, schien weiter entfernt denn je. Steuern, Geschäftsanmeldungen, Pachtverträge? Alles, was sie tun wollte, war backen!

Wenn ihre Urlaubstage begannen, fand sie immer andere Beschäftigungen als das, was sie ursprünglich geplant hatte. Sie schlief aus, kümmerte sich um ihren Sohn, beschäftigte sich mit „Heimprojekten" und traf sich mit Freunden und Nachbarn – und das nicht einmal, um sie nach Marketing-Input zu fragen. Sie hatte Angst, dass wenn sie den Leuten begann von ihren Plänen zu erzählen, dass diese ihre Begabung in Frage stellen, dass sie sie zum Scheitern verurteilen – oder, noch schlimmer, einen großen Erfolg erwarten würden. Sie konnte mit den geistigen Erwartungen einfach nicht umgehen.

Prokrastination schlich sich ein. So vergingen wie im Nu zwei Wochen, und Esther hatte ihren „Urlaub" vergeudet. Der Traum wurde still und leise in einem Hintertürchen ihres Gedächtnisses abgeheftet, und sie kam sich fast ein wenig albern vor, weil sie vor zwei Wochen noch so aufgeregt und hoffnungsvoll war. Aber als sie zurück zur Arbeit ging, schoss ihr der Gedanke ihres eigenen Backgeschäfts immer wieder durch den Kopf – mehr als eine Fantasie als ein Plan. Obwohl sie nicht wirklich einen Weg sah, es in die Realität umzusetzen, konnte sie nicht aufhören, daran zu denken. Und sie hatte das Gefühl, dass sie immer wieder darüber nachdenken würde.

Was heißt „etwas durchziehen"?

Was ist Ihrer Meinung nach in Esthers Situation falsch gelaufen? Hat es ihr an Fokus gefehlt? Selbstdisziplin? Tatkraft? Beharrlichkeit? Vielleicht denken Sie, dass Esther einfach nur faul war oder es einfach nicht stark genug wollte.

Wenn Sie sagen, dass es ihr an all dem fehlte, verweisen Sie eigentlich nur auf ein einziges Konzept: etwas durchziehen.

Etwas durchziehen hat mit Fokus, Selbstdisziplin, Tatkraft und Beharrlichkeit zu tun, ist aber kein Synonym für irgendetwas davon. Vielmehr ist es eine Zusammensetzung aus all diesen – ein bisschen so, wie diese großen japanischen Anime-Roboter durch die Fusion kleinerer einzelner Roboterteile entstehen. *Power Rangers*, oder *Voltron*, um genau zu sein. Und so wie jeder kleinere Roboter ein anderes Körperteil des großen Roboters bildet, so entspricht auch jedes dieser vier Elemente – Fokus, Selbstdisziplin, Tatkraft und Beharrlichkeit – einem Körperteil, das zusammen das Konzept des Durchziehens bildet.

Der Kopf: Fokus. Zum Durchziehen gehört Fokus. Dieser repräsentiert den Kopf, denn es ist der Fokus, der Ihren Kopf auf das Wesentliche und Ihre Augen auf den Preis richtet. Der Fokus lenkt Ihre Gedanken darauf, wie Sie Ihr Ziel erreichen können und lenkt Ihre Handlungen auf das Erreichen Ihrer Vision. Sehen Sie, beim Durchziehen geht es nicht nur darum, sich anzustrengen; es geht darum, sich auf ein einziges Ziel zu *konzentrieren*. Mit Fokus wird keine Anstrengung verschwendet. Es wird eine einzige Sichtlinie verfolgt – der einzige und direkteste Weg zu einem Ziel.

Um auf Esthers Situation zurückzukommen: Hätte sie sich auf ihren Traum, ein Unternehmen zu gründen, konzentriert, hätte sie ihre Freizeit besser strukturiert und die Aktivitäten im Hinblick auf die Verwirklichung dieses Traums geplant. Stattdessen begab sie sich in einen breit angelegten "Recherche"-Modus, dem es an einer klaren Richtung fehlte, und wurde schnell überfordert. "Ein Unternehmen zu gründen" ist ein erstrebenswertes Ziel, aber in diesem Fall fehlte es an Spezifität, und so waren Esthers Bemühungen und ihre Energie verstreut statt zielgerichtet.

Das Rückgrat: Selbstdisziplin. Das Rückgrat des Durchziehens, die Selbstdisziplin, ist das, was Sie aufrafft und zum Arbeiten bringt – selbst, wenn Sie nicht wollen. Es ist die Fähigkeit, sich selbst zu kontrollieren, so dass Sie sich trotz täglicher Versuchungen und Ablenkungen auf das konzentrieren, was getan werden muss.

Dieses Element ist wichtig, um etwas durchzuziehen, denn es gibt Ihnen die Macht, Ihre eigenen Gedanken, Gefühle und Handlungen auf Ziele auszurichten, die für Sie sinnvoll sind. Ohne Selbstdisziplin wären Sie nicht in der Lage, sich konsequent um etwas zu bemühen, bis es erledigt ist – und genau darum geht es, wenn man etwas durchziehen möchte.

So wie der Kopf mit der Wirbelsäule verbunden ist, so ist auch der Fokus mit der Selbstdisziplin verbunden. Wenn Sie auf das fokussiert sind, was Sie tun müssen, folgt die Selbstdisziplin ganz natürlich. Wenn Sie selbstdiszipliniert sind, fällt es Ihnen leichter, sich auf das zu konzentrieren, was zu tun ist, und Ablenkungen zu vermeiden.

Selbstdisziplin hält Sie, wie die Wirbelsäule, aufrecht, damit Sie nicht im Chaos versinken.

Wenn Esther genug Selbstdisziplin gehabt hätte, hätte sie nicht all ihre freie Zeit als Freizeit angesehen. Es ist nichts Falsches daran, etwas Schlaf nachzuholen oder Zeit mit den Liebsten zu verbringen. Aber wenn alle Tage damit verbracht werden, ohne produktive Arbeit zu leisten, dann ist das Gleichgewicht verloren. Freizeit ist ein wichtiger Teil des Lebens, aber wenn sie exzessiv ist und den Platz einer vernünftigen Produktivität einnimmt, dann wird sie zu einem Laster.

Die Hände und Füße: Tatkraft. Taten, die Hände und Füße des Durchziehens, bedeuten, der Ausführung und der einfachen Bewegung Vorrang zu geben. Das ist es, was das Durchziehen zu mehr macht als nur Fokus und Selbstdisziplin zu haben. Etwas durchzuziehen ist eine Absicht, die in Handeln umgesetzt wird. Es ist die Tatkraft, die die Dinge in der realen Welt bewegt und Sie von Punkt A zu Punkt B bringt – also von dort, wo Sie jetzt sind, zu dem Punkt, an dem die Erfüllung Ihrer Ziele liegt.

Es ist der sichtbare Aspekt des Durchziehens. Derjenige, der tatsächlich beobachtet, gemessen und anhand Ihrer Ziele bewertet wird. Tatkraft ist also entscheidend für die Ausführung Ihrer Pläne und die Verwirklichung Ihrer Ziele, denn ohne sie bleiben Pläne abstrakt und Ziele bleiben Träume.

Hätte Esther auch nur den ersten Teil ihres Plans, die Recherche, in die Tat umgesetzt, wäre sie ihrem Traumunternehmen zumindest ein Stück näher gekommen. Die Ironie ist oft, dass je größer unsere abstrakten Pläne sind, desto schwieriger kann es sein, kleine, sinnvolle Aktionen zu unternehmen. Tatkraft ist das, was einen Traum von der Realität trennt – aber Tatkraft muss nicht das komplette Ziel auf einmal erreichen.

Das Herzstück: Beharrlichkeit. Das Herzstück des Durchziehens ist schließlich die Beharrlichkeit. Beharrlichkeit bedeutet, über einen längeren Zeitraum an einer Sache festzuhalten, auch wenn man auf Dinge stößt, die einen *davon abzubringen* versuchen. Es ist die Beharrlichkeit, an einer Sache festzuhalten, auch wenn es Hindernisse gibt. Es reicht nicht aus, einfach anzufangen; man muss dranbleiben, bis es erledigt ist.

Beim Durchziehen geht es darum, genug Herz zu haben, um auch angesichts von Hindernissen, Ablenkungen und Rückschlägen weiterzumachen. Viele der erstrebenswerten Ziele im Leben erfordern nicht nur einen Sprint, sondern einen Marathon. Wenn Ihr Herz nicht fit genug ist, um die Strecke zu laufen, dann werden Sie auf halbem Weg aufhören und aufgeben, bevor Sie die Ziellinie erreichen. Viele Menschen stellen leider fest, dass sie genug Herz haben, um sich für ein Projekt zu begeistern, aber nicht genug, um es bis zum Ende durchzuziehen.

Hatte Esther die nötige Beharrlichkeit, um ihren Traum zu verwirklichen? Es scheint, dass sich diese Frage in Esthers Fall gar nicht stellen lässt, denn die Frage nach der Beharrlichkeit kann sich nur stellen, wenn man tatsächlich so viel unternommen hat, dass man über einen längeren Zeitraum hinweg auf mehrere Hindernisse stößt. Da Esther aufhörte, bevor sie überhaupt angefangen hatte, war die Frage der Beharrlichkeit für sie nicht einmal in der Gleichung enthalten.

Es ist auch erwähnenswert, dass all die anderen Aspekte – der Kopf, die Wirbelsäule, die Hände und Füße – Esther geholfen hätten, Leidenschaft und Ausdauer durch den manchmal steinigen Start der Dinge zu bewahren. Aber ohne eine dieser Grundlagen bröckelte ihre Entschlossenheit bei der ersten Schwierigkeit – oder bekam in Wahrheit überhaupt keine gute Grundlage.

Da haben Sie es also - die einzelnen Teile Fokus, Selbstdisziplin, Tatkraft und Beharrlichkeit vereinen sich zu dem Super-Roboter, den man "das Durchziehen" nennt, um das zu beenden, was man beginnt. Es ist erfreulich und erfüllend, wenn wir in der Lage sind, Fokus, Selbstdisziplin, Tatkraft und Beharrlichkeit in uns selbst zu vereinen und zu sehen, wie unsere Träume dadurch Wirklichkeit werden. Es reicht nicht aus, nur in einem oder zwei Bereichen stark zu sein – der gesamte Mechanismus muss auf das gleiche Ziel ausgerichtet sein und zusammenarbeiten.

Aber wenn es so toll ist, etwas durchzuziehen, warum tun wir es dann nicht alle ständig? Die kurze Antwort ist, weil es schwer ist. Die lange Antwort (die auch erklärt, warum es schwer ist) finden Sie weiter unten.

Warum ziehen wir Dinge nicht einfach durch?

Wenn es darum geht, uns auszudenken, was wir tun wollen, was wir tun müssen oder was andere Menschen tun müssen, sind wir in der Regel wahre Experten. Unsere Ideen sprudeln nur so, die Entwürfe in unseren Köpfen entstehen wie auf magische Weise, und wir sehen im Nu vor unserem geistigen Auge, wie wir unsere Träume leben.

Aber wenn es darum geht, tatsächlich den Hintern hochzukriegen und Taten folgen zu lassen, sind wir in der Regel nicht nur Amateure, sondern auch unwillige Teilnehmer. Wenn es darauf ankommt, finden wir oft nicht den Fokus, die Selbstdisziplin, die Tatkraft und die Beharrlichkeit, die nötig sind, um die Arbeit zu erledigen.

Manchmal begeben wir uns ohne unseren Kopf oder unser Rückgrat in die Schlacht; ein anderes Mal fehlen uns unsere Hände und Füße oder unser Herz. Wir denken, wir könnten diese Teile einfach zusammenrufen, wenn wir sie brauchen. Aber wenn wir auf dem Schlachtfeld angekommen sind, entdecken wir schnell, dass es nicht so einfach ist, wie wir uns das vorgestellt haben. Wir können uns zwar mental einen Plan ausmalen oder intellektuell begreifen, warum eine bestimmte Vorgehensweise die richtige ist, aber irgendwie scheint es das nicht einfacher zu machen, wenn wir mit der harten Arbeit im wirklichen Leben konfrontiert werden.

Die Aufregung und der Enthusiasmus, mit denen wir all unsere Träume und Pläne erdacht haben, verpuffen, sobald wir erkennen, wie viel harte Arbeit wir investieren müssen, um diese Träume in die Realität umzusetzen und diese Pläne zum Leben zu erwecken. Wir ziehen es nicht durch, und das liegt nicht an mangelnder Fähigkeit oder Intelligenz, nein.

Wir ziehen es aus zwei Hauptgründen nicht durch: Wir haben eine ganze Reihe von (1) *hemmenden Taktiken* und/oder (2) *psychologischen Blockaden*, die uns daran hindern, das zu beenden, was wir beginnen. Mit anderen Worten: Es gibt Faktoren, die wir bewusst oder unbewusst zulassen, dass unser Enthusiasmus schwindet und unsere großen Pläne ins Stocken geraten. Im Folgenden werden wir jeden dieser Faktoren der Reihe nach behandeln.

Hemmende Taktik

Hemmende Taktiken beziehen sich auf unsere Schemata für den falschen Einsatz von Zeit und Bemühungen, mit dem Ergebnis, dass wir davon abgehalten werden, etwas durchzuziehen. Dies sind Wege, wie wir uns selbst sabotieren, manchmal sogar bewusst. Diese Taktiken, zu denen (1) das Setzen schlechter Ziele, (2) Prokrastination, (3) Versuchungen und Ablenkungen und (4) schlechtes Zeitmanagement gehören, hindern uns daran, die verfügbare Zeit und Energie, für produktive Zwecke zu maximieren.

Setzen schlechter Ziele. Eine Möglichkeit, wie wir uns selbst daran hindern, unser Ziel zu erreichen, ist eine schlechte Zielsetzung, die beispielsweise zu abstrakt oder schlicht unmöglich ist. Das Setzen schlechter Ziele ist wie der Kauf einer falschen Landkarte für eine Autoreise; es hindert uns daran, die Reise fortzusetzen, weil die Wegbeschreibung verdreht und verwirrend ist. Das führt schließlich dazu, dass wir die Geduld und den Willen verlieren, unsere Reise fortzusetzen, und wir sie auf halbem Weg abbrechen.

Wenn unsere Ziele zu abstrakt sind, wissen wir nicht, was wir tun müssen, um sie zu erreichen. Wenn wir z. B. sagen, dass wir gesünder sein wollen, aber nicht einmal genau wissen, was wir mit "gesünder" meinen, ist es unwahrscheinlich, dass wir notwendige Schritte unternehmen. Wir wollen es durchziehen, aber wir wissen nicht, wie.

Wenn unsere Ziele zu hoch oder unrealistisch sind, als dass man sie realistisch erreichen könnte, blicken wir auf eine unfassbar hohe Leiter ohne Sprossen. Das Schöne daran ist, dass uns niemand vorwerfen kann, wir hätten uns nicht genug angestrengt, um hinaufzuklettern, denn es gibt ja gar keine Sprossen. Wir sind von der Schuld befreit, es nicht durchgezogen zu haben. Nehmen Sie zum Beispiel einen Werksleiter, der die Produktionsleistung trotz realer logistischer Einschränkungen verdoppeln will.

Da das Ziel ohnehin nicht zu erreichen ist, macht es keinen Unterschied, ob er es durchzieht oder nicht – und so erspart er sich sowohl die Mühe, , als auch die Schuldgefühle, es nicht zu tun. Auch dies könnte ein völlig unbewusster Prozess sein.

Wenn unsere Ziele nicht spezifisch sind, fehlt uns der "Kopf" der Gleichung, und wir stellen uns selbst auf ein Scheitern ein. Manche Menschen haben die Angewohnheit, sich Ziele zu setzen, die zwar toll klingen, aber völlig unrealistisch sind und von denen sie nie erwarten, sie zu einem genaueren Zeitpunkt als "irgendwann" zu erreichen.

Prokrastination. Dies ist eine der am häufigsten genutzten Taktiken überhaupt. Irgendwie sind wir außergewöhnlich talentiert darin, Arbeit bis zur letzten Minute aufzuschieben. Tatsächlich sind wir so talentiert darin, Arbeit hinauszuzögern, dass wir andere (und sogar uns selbst) davon überzeugen könnten, dass wir bereits arbeiten, auch wenn wir es nicht tun.

Eine Art, wie wir prokrastinieren, ist mit endlosem Planen. Wir planen alle Details unserer Aufgabe, und wenn wir mit der Planung fertig sind, entscheiden wir, dass entweder der Plan überarbeitet oder die Aufgabe selbst verworfen werden muss. Dann planen wir eine neue Aufgabe und so weiter – ohne uns der Tatsache bewusst zu sein, dass die ganze Planung, die wir machen, auch eine Form der Prokrastination ist.

Wir beschäftigen uns mit einem künstlichen Problem, um zu versuchen, das wirkliche Problem zu vermeiden. Das Problem, dem wir uns nicht zutrauen, es tatsächlich anzugehen. Dieser Bewältigungsmechanismus ist besonders effektiv, wenn man nach außen hin den Anschein erwecken kann, sehr hart zu arbeiten und Fortschritte zu machen. Man kann sagen, dass viele Menschen zum Beispiel in der akademischen Welt feststecken und für einen Beruf "lernen", von dem sie in Wahrheit gar nicht wissen, wie sie ihn beginnen sollen. Ein anderer Fall ist die Person, die davon besessen ist, ein perfektes System zur Ablage von Notizen zu entwickeln, nur um den Moment zu vermeiden, in dem sie sich hinsetzen und tatsächlich ihren Roman schreiben muss. Letztendlich ist es etwas, das man am besten als *produktive Prokrastination* bezeichnet, weil es sich anfühlt, als würde man etwas erreichen, aber in Wirklichkeit bewegt man sich nur auf der Stelle.

Wenn wir eine Aufgabe im Moment aufschieben können, neigen wir dazu, dies zu tun, weil es einfach, bequem und stressfrei ist. Auf diese Weise werden viele Erfolgsgeschichten, die man hätte haben können, zu genau dem – man hätte sie haben können. Eine lebenslange Aneinanderreihung von "später" endet damit, dass sie in die Schlinge des "nie" eingewoben wird.

Versuchungen und Ablenkungen. Der Weg des Durchziehens wäre leicht genug zu beschreiten, ohne Verzögerung, wenn er wie ein Flur mit leeren Wänden wäre. Wenn Sie keine Wahl hätten, könnten Sie sehr wohl den Kopf einziehen und arbeiten, arbeiten, arbeiten. Aber nein. Dieser Weg ist gesäumt von allen möglichen glänzenden Schmuckstücken, glitzernden Umleitungsschildern und einladenden Raststätten. Versuchungen und Ablenkungen gibt es heutzutage in Hülle und Fülle, wobei etwas so Einfaches wie ein roter Benachrichtigungsalarm auf unseren Telefonbildschirmen unsere Gehirne mit Wohlfühlchemikalien überflutet, die uns wiederum noch länger an unseren Telefonen kleben lassen.

Nehmen Sie zum Beispiel eine Marketingbeauftragte, die eine Kampagne zur Förderung eines neuen Produkts entwickeln soll. Sie weiß genau, was sie recherchieren muss, welche Berichte sie schreiben und welche Präsentationen sie vorbereiten muss. Aber anstatt die Arbeit zu Ende zu bringen und sich zu konzentrieren, damit sie schneller fertig wird, werden ihre Stunden von Snapchat-Unterhaltungen, YouTube und endlosen Instagram-Scrolls durchsetzt. Letztendlich werden die Recherchen vielleicht erledigt, die Berichte geschrieben und die Präsentationen vorbereitet, aber diese werden wahrscheinlich nicht ihr wahres Potenzial widerspiegeln.

Aber natürlich können wir die Welt nicht von Versuchungen und Ablenkungen befreien. Sie sind ja auch nicht das Hauptproblem. Das Hauptproblem ist, dass uns das Know-how fehlt, richtig mit ihnen umzugehen. Auch wenn sie auf beiden Seiten der Straße in Hülle und Fülle vorhanden sind, gibt es zwei Möglichkeiten, wie wir die Situation dennoch in den Griff bekommen können: (1) durch strategisches Vermeiden und (2) durch einen gesunden, moderaten Gebrauch.

Erstens können wir Strategien anwenden, um Versuchungen und Ablenkungen zu vermeiden. Wenn wir zum Beispiel durch häufige Benachrichtigungen aus den sozialen Medien abgelenkt werden, können wir Zeitblöcke einplanen, in denen wir uns von unseren Social-Media-Konten abmelden, während wir uns auf unsere Arbeit konzentrieren. Es ist immer schwieriger, einer Ablenkung zu widerstehen, als sie von vornherein zu vermeiden. Viele Ablenkungen haben eine süchtig machende Qualität – Junk Food, Spiele, endlose Klicks im Internet – aber wir können nicht hineingesogen werden, wenn wir uns nie erlauben, dem Strudel zu nahe zu kommen!

Zweitens können wir mit Versuchungen und Ablenkungen auf eine gesunde und produktive Weise umgehen. Wir müssen uns nicht für den Rest unseres Lebens verlockende und angenehme Freizeitaktivitäten vorenthalten, nur damit wir unsere Ziele verfolgen können. Tatsächlich sollen wir das auch nicht. Mit ein wenig Strategie können wir diese Versuchungen sogar in Belohnungen umwandeln, die dann unsere Motivation stärken, anstatt sie zu entgleisen.

Wenn wir uns eine wohlverdiente Pause gönnen, indem wir uns Aktivitäten hingeben, die uns Spaß machen, können wir uns wieder aufladen und besser funktionieren. Der Schlüssel liegt darin, die nötige Disziplin aufzubringen, um sich diesen Aktivitäten auf gesunde Weise hinzugeben. Zum Beispiel können wir uns regelmäßig mit einer 10-minütigen Pause belohnen, in der wir uns wieder einloggen und unsere Social-Media-Konten überprüfen, nachdem wir eine bestimmte Menge an Arbeit erledigt haben.

Schlechtes Zeitmanagement. „So viel zu tun und nicht genug Zeit." Wie oft haben Sie diese Worte von einem Kollegen, einem Familienmitglied oder der Person, die Ihnen im Spiegel entgegenblickt, gehört? Und wie oft konnten Sie erkennen, dass es nicht die Zeit ist, die ihnen fehlt, sondern die Fähigkeit, ihre Zeit produktiv zu nutzen? Wir alle haben die gleiche Menge an Zeit am Tag.

Zeitmanagement ist die Praxis, die Zeit so zu nutzen, dass die Produktivität und Effizienz maximiert wird. Zu einem guten Zeitmanagement gehört nicht nur die Fähigkeit, Aufgaben zu planen, sondern auch die Einsicht und das gute Urteilsvermögen zu erkennen, welche Aufgaben wann am besten erledigt werden. Es geht darum, das Denken höherer Ordnung einzusetzen, um Ihr Leben zu *planen,* anstatt passiv hindurchzustolpern. Es geht darum, sich zu fragen: Was ist am

34

wichtigsten? Und wie können Sie die meisten Ihrer Ressourcen darauf verwenden?

Außerdem erfordert es die Selbstdisziplin, Aufgaben wie ursprünglich geplant zu erledigen und den Fokus, Ressourcen entsprechend zu organisieren. Mit einem guten Zeitmanagement wird ein Zeitplan clever organisiert und dann prompt befolgt, sodass die Aufgaben wie geplant erledigt werden.

Schlechtes Zeitmanagement hingegen beinhaltet einen Mangel an Planung, Organisation, Fokus und Selbstdisziplin. Wir vergessen, übersehen oder schätzen Aufgaben im Hinblick darauf falsch ein, wie viel Zeit sie für ihre Erledigung benötigen würden. Dies führt zu einem Dominoeffekt, der den Rest unserer Pläne durcheinander bringt. Wir versäumen es, die Ressourcen, die wir für die geplanten Aktivitäten benötigen, vorherzusehen und bereitzustellen, was zu Verzögerungen und Stornierungen führt. Wir versäumen es, unsere Aktivitäten nach Prioritäten zu ordnen und verbringen stattdessen unsere Zeit mit unwichtigen Aufgaben, was zu erfolglosen Unternehmungen führt (und vielleicht zu einem abwertenden Blick von unserem Chef).

Das Leben im 21. Jahrhundert fordert unsere Fähigkeit, die Work-Life-Balance aufrechtzuerhalten, wie keine andere Zeit zuvor. Mit der Technologie, die mehr Arbeitszeiten sowie mehr Unterhaltungsmöglichkeiten als je zuvor ermöglicht, scheinen 24 Stunden nicht mehr auszureichen, um alles, was wir tun wollen und müssen, an einem Tag unterzubringen. Bei solchen Anforderungen und Lebensstilen ist schlechtes Zeitmanagement zur Norm geworden, und gutes Zeitmanagement ist eine Superkraft, die nur die Erleuchteten zu beherrschen scheinen.

Zeit ist begrenzt, ebenso wie Aufmerksamkeit und Energie. Es führt kein Weg daran vorbei: Wenn es uns wichtig ist, bestimmte Ziele zu erreichen, müssen wir unsere Zeit um sie herum gestalten. Wenn wir nichts tun, um es aktiv zu vermeiden, wird unsere Zeit, Aufmerksamkeit und Energie immer von der nächsten Ablenkung aufgezehrt werden, und wir werden immer "zu beschäftigt" sein.

Und wenn wir in Bezug auf unsere täglichen Aufgaben nicht einmal unsere Zeit managen können, wie könnten wir dann erwarten, Zeit zu finden, um unsere größeren Lebenspläne zu verwirklichen?

Psychologische Hemmnisse

Psychologische Blockaden beziehen sich auf die inneren, oft unbewussten Mechanismen in unserer Psyche, die als Barrieren für das Durchziehen wirken. Zu diesen Mechanismen gehören (1) Faulheit und mangelnde Disziplin, (2) Angst vor Verurteilung, Ablehnung und Versagen, (3) Perfektionismus aus Unsicherheit und (4) mangelndes Selbstbewusstsein. Diese psychologischen Blockaden wirken intern, um externes Handeln zu hemmen und uns so daran zu hindern, etwas durchzuziehen.

Faulheit und fehlende Disziplin. Der Grund, warum wir unsere Ziele nicht befolgen, kann manchmal ganz einfach sein: wir sind zu faul und uns fehlt es an Disziplin. Unsere Faulheit hindert uns daran, von der Couch aufzustehen und an den wichtigen Aufgaben zu arbeiten, die uns unseren Zielen näher bringen. Unser Mangel an Disziplin führt dazu, dass wir unsere Zeit an Ablenkungen und Versuchungen verschwenden. Wir mögen unsere Kalender durchgeplant haben, unsere To-Do-Listen fertig haben und alles andere, was wir brauchen, vorbereitet haben, aber irgendwie fehlt es uns an Willenskraft und Disziplin, einfach anzufangen, es einfach zu tun und einfach weiterzumachen.

Wir sehen das Opfer, wie klein es auch sein mag, das wir bringen müssten, und wir entscheiden, dass es das nicht wert ist. Das Problem ist, dass diese Einstellung, obwohl sie sich im Moment großartig anfühlt, mit der Zeit unser Selbstvertrauen auffrisst und uns das Gefühl gibt, dass wir zu wenig leisten und unser Potenzial nicht ausschöpfen können.

Willenskraft ist die Energie, die unseren Körper aktiviert, während Disziplin der Fokus ist, der diese Energie so lenkt, so dass wir uns ständig auf unsere Ziele zubewegen. Viele Menschen denken fälschlicherweise, dass das Erreichen ihrer Lebensziele von selbst kommt, wenn sie es nur stark genug wollen, oder dass es "vorbestimmt" ist. Aber die Wahrheit ist, dass jede Aufgabe, selbst die, zu der wir uns am stärksten berufen fühlen, ein wenig Disziplin und Anstrengung braucht, um in Gang zu kommen. Wenn wir keinen Weg finden, unsere Willenskraft und Disziplin einzuschalten, würde unser Körper einfach weiter in seinem inaktiven Zustand verharren und nie etwas durchziehen.

Angst vor Verurteilung, Ablehnung und Versagen. Stellen Sie sich Lara vor, eine ehrenamtliche Mitarbeiterin einer lokalen Organisation, die benachteiligten Kindern eine Ausbildung ermöglicht. Sie hat eine Idee für eine Fundraising-Kampagne, die mehr Sponsoren einbringen soll. In der Tat ist Lara eine fleißige Person mit einer echten Leidenschaft für ihre Arbeit. Sie plant, was sie tun muss, und recherchiert, mit wem sie sprechen muss, um etwas zu erreichen.

Doch noch bevor sie den ersten Anruf tätigt, um den Ball ins Rollen zu bringen, stockt ihr der Atem. Sie zögert und denkt: *Was ist, wenn ich diese Kampagne ins Leben rufe, aber sich niemand meldet? Was ist, wenn unsere Gemeindeleiter meine Idee unterstützen, es aber ein Flop wird? Was, wenn wir am Ende mehr Geld ausgeben als wir tatsächlich gewinnen?* Also lässt sie die Idee ganz fallen und fängt sofort an aufzuatmen.

Lara ist nicht faul. Es ist nicht so, dass sie nicht richtig geplant hat oder dass sie prokrastiniert. Was Lara vielmehr davon abhielt, ihr Vorhaben durchzuziehen, war ihre Angst vor Verurteilung, Ablehnung und Versagen. Für sie war es ein Akt der Selbsterhaltung, sich vor dem Schmerz des Versagens zu bewahren. Da sie nie um etwas gebeten hat, wurde sie auch nie zurückgewiesen. Da sie nie ein Ziel verfolgte, konnte niemand sagen, dass sie versagte.

Die Angst vor Verurteilung, Ablehnung und Versagen lähmt uns daher, etwas durchzuziehen. Wir denken, dass wir durch das Unterlassen von Handlungen die Möglichkeit ausschließen, etwas zu produzieren, das bewertet oder verurteilt werden könnte. Wenn wir nicht bewertet oder verurteilt werden können, können wir auch nicht abgelehnt werden. Und wenn wir nichts Neues versuchen, insbesondere Dinge, die uns herausfordern, dann können wir auch nicht scheitern.

Dies sind jedoch katastrophale Denkfehler. Indem wir nicht handeln und es nicht durchziehen, haben wir uns bereits selbst verurteilt und abgelehnt, noch bevor wir angefangen haben. Wir fühlen uns vielleicht schlecht über uns selbst und schlecht darüber, dass wir nicht den Mut haben, mehr zu tun. Wir haben bereits in dem Moment versagt, in dem wir uns entschieden haben, es nicht zu versuchen.

Perfektionismus aus Verunsicherung. Paul plant schon seit einigen Jahren, sich um eine Beförderung zu bewerben. Er hat sich bemüht, seine Berufskenntnisse und seine Fähigkeiten zu verbessern, indem er Seminare besuchte, Zertifizierungen ablegte und sich für Aufbaustudiengänge einschrieb. Er möchte, dass sein Lebenslauf perfekt ist, damit er, wenn er sich um eine Beförderung bewirbt, sicher sein kann, dass er sie auch bekommt. Für Paul hieß es: entweder Perfektion oder gar nichts.

Es vergingen einige Jahre, und er hat sich immer noch nicht für eine höhere Position beworben. Seine Zeugnisse fühlten sich für ihn nicht gut genug an. Sein Perfektionismus, geboren aus seiner Angst und Unsicherheit, nicht gut genug zu sein, war es, der Paul davon abhielt, es wirklich durchzuziehen. Das Problem mit einer "Alles oder nichts"-Haltung ist, dass Menschen oft auf die Seite des "Nichts" fallen, wenn ihnen das "Alles" nicht garantiert wird – auf Perfektion zu warten bedeutet oft, dass man am Ende weniger hat, als wenn man sich damit zufrieden gibt, sich auf einer Lernkurve zu befinden und ein paar Fehler zu machen.

Anstatt Maßnahmen zu ergreifen, die ihn vorwärts bringen, konzentrierte er seine Energie auf übermäßige Planung und das Streben nach Perfektion, was letztlich zur Stagnation führte. Für die Außenwelt mag es den Anschein gehabt haben, dass Paul ein fleißiges Bienchen war, das auf seine Ziele hinarbeitete, aber in Wirklichkeit war er innerlich durch seinen Perfektionismus daran gehindert, wirklich etwas zu erreichen.

Mangelndes Selbstbewusstsein. Schließlich kann mangelndes Selbstbewusstsein auch eine psychologische Barriere sein, die uns davon abhält, unser Vorhaben durchzuziehen. Weil wir so oft Angst haben, Fehler zu machen und uns über unsere Komfortzone hinaus zu wagen, lernen wir nie das volle Ausmaß dessen kennen, was wir tun können. So bleiben uns viele unserer Interessen, Leidenschaften und Talente für immer verborgen. Und da wir unsere wahren Fähigkeiten nicht kennen, bleiben wir überzeugt, dass wir es nie schaffen werden, selbst wenn wir es versuchen würden. Also verfolgen wir unsere Pläne nicht und bleiben so in einem Leben der Stagnation gefangen.

Mehr noch, wir merken nicht einmal, dass wir in die Falle der Stagnation getappt sind, weil uns auch das Selbstbewusstsein fehlt, dass wir es nicht durchziehen. Wir leben unser geschäftiges Leben weiter, zufrieden mit der Vorstellung, dass wir unmöglich noch härter arbeiten können, als wir es ohnehin schon tun. Aber wenn wir unser Leben von den kleinen Dingen befreien, mit denen wir uns aufhalten, und einen langen, intensiven Blick auf das große Ganze werfen, dann erkennen wir, dass wir die Dinge, die wirklich wichtig sind, nie durchgezogen haben.

Da haben Sie es also – die Liste der Gründe, warum wir es nicht durchziehen. Wir beginnen mit Vorfreude, Aufregung und Enthusiasmus, enden aber mit Ausreden und Erklärungen. Und allzu oft machen wir uns nicht die Mühe, über das, was vor uns liegt, hinauszuschauen, weil das, was vor uns liegt, einfach und bequem ist. Ein Teil von uns *will* nicht wissen, was darüber hinaus möglich ist, weil wir Angst haben, es zu wollen und die harte Arbeit leisten zu müssen, die uns dorthin bringen wird.

Aber fassen Sie für einen Moment Mut, und überlegen Sie um Ihres persönlichen Wachstums und Glücks willen, wie Ihr Leben anders wäre, wenn Sie das Durchziehen zu einer Gewohnheit machen würden.

Was ist, wenn wir es einfach durchziehen?

Das Durchziehen ist der schwierigere Weg, aber die Vorteile, die sich daraus ergeben können, machen die Reise wert. Wenn Sie die Gewohnheit entwickeln, Ihre Ziele durchzuziehen, werden Sie in der Lage sein, Ihre Produktivität zu steigern, jede Gelegenheit zu maximieren und Ihr volles Potenzial auszuschöpfen. Ihre akademischen und beruflichen Ziele werden zu echten Wegweisern in Ihrem Leben, anstatt nur Wunschträume und Frustrationen zu sein.

Eine Person zu sein, die Dinge durchzieht, wird auch Ihre Beziehungen verbessern. Sie werden feststellen, dass Sie das Vertrauen Ihrer Vorgesetzten, Ihrer Kollegen und Ihrer Mitarbeiter gewinnen und behalten, wenn Sie Ihre Versprechen konsequent einhalten. Und was noch wichtiger ist: Sie werden bessere Beziehungen zu Ihrem Ehepartner, Ihren Kindern und Freunden entwickeln. Sie wissen, dass sie Ihrem Wort vertrauen können, weil sie gesehen haben, dass Sie Ihre Pläne umsetzen und Ihre Versprechen einhalten.

Darüber hinaus hilft es Ihnen, eine bessere Beziehung zu sich selbst aufzubauen. Das

Durchziehen zwingt Sie dazu, Ihre eigenen Wünsche, Bedürfnisse, Fähigkeiten und Ängste besser kennenzulernen, so dass Sie Ihr Leben selbst in die Hand nehmen können, anstatt nur ein Sklave Ihrer unbewussten Ängste und des gesellschaftlichen Drucks zu sein. Das gibt Ihnen ein tiefes inneres Gefühl von Würde und Zuversicht – wenn Sie wissen, wozu Sie fähig sind, haben Sie bei der nächsten Herausforderung weniger Angst, und können Ihren Kopf hochhalten.

Zusammenfassend lässt sich sagen, dass es eine kraftvolle Kombination aus Fokus, Selbstdisziplin, Tatkraft und Beharrlichkeit erfordert, um etwas durchzuziehen. Es ist die Kraft, die Sie zu höheren beruflichen Erfolgen, besseren Beziehungen und größerer persönlicher Zufriedenheit antreibt. Es ist mehr als etwas, das wir sind; es ist etwas, das wir *tun*, konsequent und mit anhaltendem Fokus.

Allerdings können sowohl taktisch- als auch psychologisch-begründete Blockaden Sie oft daran hindern, Ihre Träume und Ziele konsequent zu verfolgen. Sie mögen anfangs die Leidenschaft und Motivation haben, etwas zu tun, aber das Feuer in Ihnen wird wahrscheinlich irgendwann erlöschen. Um es wieder zu entfachen, müssen Sie zunächst verstehen, was Sie zurückhält, und sich dann mit den richtigen Taktiken und psychologischen Werkzeugen ausstatten, die Ihnen helfen, die bereits begonnenen Dinge auch durchzuziehen.

Erinnern Sie sich an die Geschichte von Esther, die am Anfang dieses Kapitels erzählt wurde. Sie nahm sich eine kleine Auszeit in der Hoffnung, mit ihrem eigenen Geschäft beginnen zu können, aber sie schaffte es nicht. Sie hab sich angenehmen Ablenkungen hin und war zu eingenommen von Angst vor Ablehnung und Versagen. Anstatt die vorhandene Zeit zu nutzen, um sich realistische Ziele zu setzen und ihr Traumleben zu verwirklichen, kehrte sie schließlich in ein Leben zurück, das sie nicht gerne lebte.

Stellen Sie sich vor, Esther wäre sich der Hindernisse bewusst, die sie davon abhielten, ihr Vorhaben durchzuziehen. Stellen Sie sich vor, sie würde mit der richtigen Taktik und den richtigen psychologischen Werkzeugen gegen diese

Hindernisse vorgehen und schließlich erfolgreich eine Bäckerei von zu Hause aus betreiben. Jeden Tag würde sie aufgeregt aufwachen, um mit etwas zu arbeiten, das sie leidenschaftlich liebt. Sie würde jeden Tag in der Nähe ihres Sohnes verbringen und ihn aufwachsen sehen. Sie würde genau das Leben leben, von dem sie geträumt hatte.

Nehmen Sie sich einen Moment Zeit, um die Geschichte Ihres eigenen Lebens zu betrachten. Schauen Sie, ob Sie eine Situation identifizieren können, in der Sie etwas begonnen, aber nicht zu Ende gebracht haben. Vielleicht erkennen Sie sich in einigen der oben genannten Blockaden wieder. Ziehen Sie immer das durch, was Sie in Ihrem Leben wirklich wollen? Oder fallen Sie ständig den taktischen und psychologischen Barrieren zum Opfer, die Sie schlussendlich daran hindern?

Wenn Sie letzteres geantwortet haben, dann lesen Sie weiter. Die folgenden Seiten werden Sie mit den notwendigen Werkzeugen ausstatten und Ihnen den Weg zeigen, wie Sie in sich selbst die alles entscheidende Kraft des Durchhaltens entwickeln können.

Wichtige Erkenntnisse:

- Die Kunst des Durchziehens ist etwas, das es Ihnen ermöglicht, das Leben zu erschaffen, das Sie eigentlich wollen, anstatt sich mit dem Leben zufrieden zu geben, das Sie derzeit haben.
- Man kann sagen, dass es aus vier Teilen besteht: Fokus, Selbstdisziplin, Tatkraft und Beharrlichkeit – alle gleich wichtig. Fokus ist unser "Kopf", der sich Ziele setzt; Selbstdisziplin ist unser "Rückgrat", das uns aufrecht hält und fleißig an diesen Zielen arbeitet; Tatkraft bildet unsere "Hände und Füße" und setzt unsere Ziele in konkrete Realität um; und Beharrlichkeit ist unser "Herz" oder die Fähigkeit, mit Mut, Hingabe und Leidenschaft durchzuhalten.
- Es ist jedoch nicht so einfach. Nur weil man weiß, dass man etwas tun muss, tut man es nicht automatisch. Es gibt gewichtige Gründe, warum wir gewisse Dinge nicht zu Ende bringen und oft nicht durchziehen. Diese Gründe lassen sich generell in zwei Kategorien

aufteilen: Hemmende Taktiken und psychologische Blockaden.

- Hemmende Taktiken sind die Art und Weise, wie wir gegen uns selbst planen, ohne es überhaupt zu merken. Dazu gehören (1) das Setzen schlechter Ziele, (2) Prokrastination, (3) das Nachgeben gegenüber Versuchungen und Ablenkungen und (4) schlechtes Zeitmanagement.

- Schlechte Ziele sind solche, die unkonzentriert, unrealistisch und nicht messbar sind und keinen festen Termin in Sicht haben. Prokrastination und Ablenkung treten auf, wenn wir nicht fokussiert, vorbereitet und selbstdiszipliniert sind, und schlechtes Zeitmanagement ist in ähnlicher Weise ein Mangel an bewusster Absicht und ein Versagen, unsere Ressourcen weise zu nutzen.

- Psychologische Blockaden sind die Wege, die wir nicht beschreiten, weil wir uns unbewusst selbst schützen wollen. Dazu gehören (1) Faulheit und mangelnde Disziplin, (2) Angst vor Verurteilung, Ablehnung und Versagen, (3) Perfektionismus aus Unsicherheit und (4) mangelndes Selbstbewusstsein.

- Wir können unser eigenes Leben genau
  unter die Lupe nehmen und sehen,
  welche Faktoren eine Rolle dabei
  spielen, warum wir gewisse Dinge nicht
  durchziehen. Sobald wir verstehen, dass
  und wie wir uns selbst zurückhalten,
  können wir damit beginnen, die
  Hindernisse zu beseitigen und unser
  Potenzial auszuschöpfen.

Kapitel 2: Bleib hungrig

Was treibt Sie an, etwas durchzuziehen und zu beenden, was Sie beginnen? Wie bleiben Sie motiviert?

Betrachten wir eine Frau namens Sally. Sally ist ein Idealist, also gründete sie eine Wohltätigkeitsorganisation, um benachteiligten Menschen zu helfen. Was sie nicht erwartet hatte, war der Zustrom von Herausforderungen, die mit ihrem Vorhaben einhergingen. Sie erkannte nicht, dass die Arbeit in einer gemeinnützigen Einrichtung immer noch als Geschäft zählt und dass ihre Arbeit weit mehr Geschäftliches beinhalten würde als nur Menschen zu helfen.

Wann immer sie auf die Herausforderung stieß, Finanzmittel zu beschaffen, mit anderen Wohltätigkeitsorganisationen um Spenden und Zuschüsse zu konkurrieren und Marketing zu betreiben, um das Interesse an ihrer Sache zu wecken, fühlte sie sich überfordert. „Warum ist es so schwer, Menschen dazu zu bringen, sich um andere Menschen zu kümmern?", fragte sie sich.

Ziemlich bald hatte Sally kein Interesse mehr an ihrer Arbeit – sie brachte einfach zu viele negative Gefühle und Assoziationen mit sich. Sie hasste es, Spendenbriefe zu schreiben und Wohltätigkeitsveranstaltungen zu besuchen. Es dauerte nur ein paar Monate, bis sie eine Sache aufgab, die ihr sehr am Herzen lag. Andere Leute fragten sich, warum sie aufhörte, für etwas zu arbeiten, das ihr so viel bedeutete.

Ein Schlüssel zu Sallys Scheitern war ihre Unfähigkeit, negative Aspekte ihrer Stiftung vorauszusehen und zu planen. Sie stellte sich vor, mehr zu tun, um Menschen zu helfen, und weniger zu arbeiten, um Finanzmittel zu beschaffen. Da sie sich ausschließlich auf ihre Ziele verließ, um sich zu motivieren, hatte sie keine Werkzeuge, um die negativen Aspekte der geschäftlichen Seite ihrer Stiftung zu beseitigen.

Das eigentliche Problem, das Sally hatte, war jedoch, dass sie keine wahre Motivationsquelle fand. Sie hätte eine echte Motivationsquelle finden müssen, um die entmutigenden Auswirkungen der Negativität zu überwinden. Durch die Schaffung eines Gleichgewichts zwischen ihrem Traum, dem Positiven und dem Negativen, wären die Negativen akzeptable Hindernisse bei der Verfolgung ihres großen Ziels gewesen.

Sie hätte ihre Motivation auch aufrechterhalten können, indem sie sich daran erinnert hätte, *warum* sie dieses Projekt überhaupt in Angriff genommen hat und wie jede kleine Sache, die sie tat, sogar die Aufgaben, die sie hasste, zur Erfüllung ihres idealistischen Traums führte. An diesem Beispiel können wir deutlich sehen, dass der Beginn eines Projekts oft der einfachste Teil ist. Am Anfang kann unser Enthusiasmus das wahre Ausmaß der damit verbundenen harten Arbeit verbergen.

Manche Menschen sagen zum Beispiel, dass sie zu 100 Prozent bereit sind, abzunehmen und gesünder zu werden, aber wovon sind sie wirklich begeistert – von der Aussicht, dünn und gesund zu sein, oder von der Vorstellung, monatelang jeden Tag konsequent auf ihre Ernährung zu achten?

Sally ist ein großartiges Beispiel dafür, dass man sich nicht allein auf Leidenschaft verlassen kann, um etwas durchzuziehen. Leidenschaft ist wie eine Zündung, die Sie in Gang bringen kann, aber um weiterzumachen, brauchen Sie verlässlichen Treibstoff.

Manchmal liegt uns ein Thema einfach nicht genug am Herzen, und deshalb ziehen wir es nicht durch. Wir verlieren Dampf aufgrund von Desinteresse. Das ist verständlich. Ein paar Rückschläge können ausreichen, um uns zu zeigen, dass wir nicht wirklich so engagiert sind, wie wir dachten. Aber auch das Interesse an einer Sache ist nicht immer der Schlüssel, um etwas durchzuziehen. Manchmal können wir selbst bei Dingen, die uns am Herzen liegen, nicht weiterführen, weil uns der Antrieb fehlt, uns vorwärts zu bewegen.

Dieser Mangel an Antrieb wird durch eine massive Trennung zwischen drei wichtigen Aspekten verursacht: (1) den Dingen, die uns am Herzen liegen, (2) dem positiven Nutzen, den wir aus unserem Handeln ziehen, und (3) den negativen Konsequenzen, die wir im Zusammenhang mit unseren Anliegen vermeiden können. Wenn wir den Antrieb verlieren, fehlt es uns an einem dieser Aspekte, die zusammengenommen die *Motivation* erzeugen.

Was ist Motivation? Dinge, die Ihnen wirklich wichtig sind und die Ihnen am Herzen liegen. Dinge, die Sie dazu bringen, tatsächlich auf Ihr Ziel hinarbeiten zu wollen. Dinge, die Sie nicht nur antreiben, sondern auch davon abhalten, aufzugeben. Dazu kommt, dass Sie die negativen Folgen Ihrer Arbeit minimieren und gleichzeitig den positiven Nutzen maximieren müssen.

Fälschlicherweise gehen einige von uns davon aus, dass all dies von selbst geschieht, ohne dass wir es bewirken müssen. Aber wir alle müssen sorgfältig über unsere Motivation nachdenken und darüber, woher sie kommt. Es gibt viele Möglichkeiten, das Konzept der Motivation zu definieren, aber ein effektiver Rahmen bilden die *externe* und *interne* Motivationen.

Externe Motivatoren

Externe Motivatoren bedeuten, dass Sie andere Quellen als sich selbst als Motivation nutzen, um etwas zu tun. Es sind andere Menschen oder Umstände, die Sie zum Handeln antreiben. Sie tun etwas, um einen negativen Umstand zu vermeiden oder einen positiven Umstand von Menschen und Dingen außerhalb von Ihnen zu erhalten. Dies sind Belohnungen oder Bestrafungen, Anreize, Lob und Anerkennung von anderen, finanzieller Gewinn, Gewinnen und so weiter.

Typischerweise geht es bei externen Motivatoren darum, negative Konsequenzen zu vermeiden. Zum Beispiel könnten Sie versuchen, Ihre Familie nicht zu enttäuschen, indem Sie versagen, also sind Sie entschlossen, erfolgreich zu sein. Vielleicht haben Sie Angst davor, gefeuert zu werden, also handeln Sie mit Souveränität. Bei den meisten dieser

Motivatoren handelt es sich um Bestrafungen oder negative Konsequenzen, die Sie unbedingt vermeiden wollen. Die einzige positive externe Motivation ist die Selbstbestechung.

Dennoch können Sie eine Menge Nutzen aus externen Motivatoren ziehen, wenn Sie sie zu Ihrem Vorteil nutzen – und dazu müssen Sie sich ihrer überhaupt bewusst sein. Sich selbst anzutreiben, um eine negative Konsequenz zu vermeiden, kann ein hervorragender Ansporn sein – und es ist großartig für all jene Handlungen, die einfach keinen Enthusiasmus in Ihnen wecken, aber dennoch getan werden müssen. Keiner will leiden. Wenn Sie wissen, dass ein Nichtstun zu Leiden führen wird, werden Sie alles tun, um diese negative Konsequenz zu vermeiden. Daher haben Sie das Gefühl, dass Sie keine andere Wahl haben, als die Sache durchzuziehen.

Accountability-Partner. Accountability-Partner sind Menschen, die Sie zur Verantwortung ziehen. Eine Person, mit der Sie sich gemeinsam zu etwas verpflichten. Diese Person lässt Sie wissen, wann Sie etwas tun müssen, und tadelt Sie, wenn Sie aufgeben wollen. Er oder sie wird sie zur Verantwortung ziehen, wenn Sie etwas nicht zu Ende bringen.

Da Sie vermeiden wollen, diese Person zu enttäuschen, werden Sie eher handeln. Sie verlassen sich darauf, dass diese Person Ihnen die externe Motivation gibt, um Scham zu vermeiden. Auf diese Weise fühlen Sie sich verantwortlich für Ihre Handlungen und Ihr Ziel, um sein oder ihr negatives Feedback zu vermeiden. Möglicherweise sehen Sie es sogar als Ihre Pflicht, diese Person nicht zu enttäuschen, da sie sich darauf verlässt, dass Sie das Ziel gemeinsam erreichen. Der Mensch ist ein soziales Lebewesen, das durch diesen Impuls stark motiviert werden kann. Vielleicht verfluchen Sie Ihren Laufpartner jeden Morgen dafür, dass er Sie dazu gebracht hat, sich zum täglichen Joggen anzumelden, aber es ist viel wahrscheinlicher, dass Sie diesen Lauf auch wirklich machen!

Accountability-Gruppe. Eine Accountability-Gruppe kann effektiver sein als ein einzelner Partner. Wenn Sie mehrere Personen haben, die Sie zur Rechenschaft ziehen, besteht die Möglichkeit einer exponentiellen Scham – Scham und Enttäuschung, die sich bei mehreren Personen aufbaut, ist ein schreckliches Gefühl, das Sie vermeiden wollen.

Außerdem haben Sie immer noch Leute, die Sie zur Verantwortung ziehen, falls eine Person aus dem Rennen aussteigt. Es kann schwierig sein, sich auf das Engagement eines einzelnen Partners zu verlassen, aber in einer Gruppe ist der Druck viel größer. Es ist jedoch nicht nur Druck – mehr Leute zu haben, denen Sie Rechenschaft ablegen und die Sie in gewisser Weise führen, kann Ihnen helfen, auf dem richtigen Weg zu bleiben, um Scham zu vermeiden, und Ihnen das Gefühl geben, dass Sie alle gemeinsam auf etwas hinarbeiten. Das kann an den Tagen, an denen sich Ihre Willenskraft ein wenig schwach anfühlt, psychologisch hilfreich sein.

Geld einzahlen. Das Risiko, Geld zu verlieren, ist ein weiterer Motivator, den Sie zu Ihrem Vorteil nutzen können. Ein gutes Beispiel dafür ist ein teurer Mitgliedsbeitrag im Fitnessstudio, der Sie dazu bringt, öfter ins Fitnessstudio zu gehen. Sie wollen kein Geld verschwenden, also gehen Sie nur ins Fitnessstudio, damit sich die bezahlte Gebühr lohnt.

Ein anderes Beispiel ist die Bezahlung großer Beträge für einen Kurs. Sie wollen den Kurs zu Ende bringen, weil Sie so viel dafür bezahlt haben und Sie halten es für eine Schande, diese Gebühr einfach zu verschwenden. Indem Sie im Voraus und sogar etwas früher, als Sie sich bereit fühlen, Geld in etwas investieren, werden Sie dazu gedrängt, es durchzuziehen, um zu vermeiden, dass Sie Geld verschwenden und verlieren. Der primäre Antrieb hier ist die Schuld für das Ausgeben von Geld für etwas, das Sie nie benutzt oder getan haben.

Sie können monetäre Investitionsmotivatoren auf die nächste Stufe bringen, indem Sie einen Coach oder Trainer engagieren. Dies geht einen Schritt weiter, denn wenn Sie jemanden dafür bezahlen, dass er Sie zur Verantwortung zieht, kombinieren Sie beides: Geldinvestitionen und Accountability-Partner. Jetzt haben Sie zwei Gründe, nicht aufzugeben oder von Ihrer Verpflichtung zurückzutreten. Sie wollen kein Geld verschwenden oder von einem enttäuschten Accountability-Partner hören, wie Sie versagt haben.

Eine weitere Option ist, jemandem Geld zu geben und ihm zu sagen, dass er es Ihnen nicht zurückgeben soll, bis Sie etwas erledigt haben. Wenn Sie einem Freund 500€ geben und ihn anweisen, Ihnen das Geld erst zurückzugeben, wenn Sie Ihre Aufgaben erledigt haben, werden Sie schnell feststellen, wie viel Ihnen Ihre Arbeitsmoral wert ist. Wenn 500€ nicht genug sind, erhöhen Sie beim nächsten Mal den Einsatz, damit es wirklich etwas ist, auf das Sie hinarbeiten.

Selbstbestechung. Ein letzter externer Motivator ist die Selbstbestechung. Dabei versprechen Sie sich selbst eine Belohnung, wenn Sie Ihr Vorhaben durchziehen. Daher lassen Sie sich von dieser Belohnung antreiben und überwinden Ihre Schwierigkeiten. Zum Beispiel könnten Sie wissen, dass Sie Ihren Traumurlaub machen können, wenn Sie Ihr Geld klug sparen und genug verdienen, um etwas beiseite zu legen. Das Festhalten an den Emotionen des Strandurlaubs kann jedes Mal eine starke

Erinnerung sein, wenn Sie Ihr Geld ausgeben wollen.

Bei äußeren Motivationen geht es meist darum, Schmerzen zu vermeiden. Finden Sie also heraus, welches Leiden Sie vermeiden oder für sich selbst erzeugen können und lassen Sie sich davon leiten. Das Vermeiden negativer sozialer Emotionen funktioniert gut, weil niemand Scham, Schuldgefühle oder Ablehnung empfinden möchte. Selbst wenn wir uns faul und uninspiriert fühlen, sind wir immer noch ziemlich stark motiviert, Schmerzen zu vermeiden – und diese Tatsache kann bei kluger Planung zu Ihrem Vorteil genutzt werden. Nutzen Sie Ihre Angst vor negativen sozialen Emotionen, um ein Projekt oder eine Verpflichtung bis zum Ende durchzuziehen.

Interne Motivatoren

Bei internen Motivatoren geht es um das, was Sie *wollen*, und nicht darum, eine negative Konsequenz oder Bestrafung zu vermeiden.

Interne Motivatoren kommen offensichtlich von innen und viele würden sagen, dass sie echter und beständiger sind als ihre externen Gegenstücke. Dies ist der Bereich der persönlichen Werte, Prinzipien und Vorlieben, sowie der echten Neugier oder des Interesses. Menschen, die aus Liebe zum Thema studieren, einen Job machen, weil sie die gewonnenen Fertigkeiten schätzen, oder zur Paarberatung gehen, weil sie aufrichtig bessere Partner sein wollen, sind alle von innen motiviert.

Wenn Sie nur durch die Vermeidung einer negativen Konsequenz motiviert sind, aber irgendwann merken, dass diese Sie vielleicht gar nicht umbringt, ist Ihre Motivation dahin – Sie werden manchmal einfach mit den Konsequenzen umgehen.

In manchen Fällen funktioniert das Verlassen auf externe Motivatoren und Ängste nicht so gut wie das proaktive Angehen der Dinge, die Sie lieben und wollen. Daher sind interne Motivatoren oft bessere Motivationsquellen als externe. Wir können es so sehen: Wenn Sie von Angst getrieben werden oder Ihnen eine erhebliche negative Konsequenz droht, ist externe Motivation ideal. Interne Motivation hingegen ist besser geeignet, wenn Sie wissen, was Sie wollen und es wenig zu befürchten gibt. Sie brauchen vielleicht externe Motivation, um eine Aufgabe wie das Rausbringen des Mülls zu erledigen, aber Sie sollten wahrscheinlich versuchen, mit interner Motivation zu arbeiten, wenn Sie ein Karriereziel oder einen großen Schritt in Betracht ziehen.

Interne Motivatoren sind Ihr "Warum", um zu handeln und sich anzustrengen. Stellen Sie sich einen Esel vor, der vorwärts läuft, um die Karotte zu erreichen. Interne Motivatoren sind die Karotte, während externe Motivatoren der Schlagstock sind. Externe Motivatoren treiben Sie aus Angst vor etwas Unangenehmem voran, während interne Motivatoren Ihnen das Gefühl geben, dass das Erreichen Ihres Ziels Ihnen eine große Belohnung und viele angenehme Vorteile bringen wird.

Je mehr interne Motivationen Sie artikulieren können, desto motivierter werden Sie sein, das Projekt durchzuziehen und zu beenden. Stellen Sie die folgenden Fragen, um herauszufinden, welchen

Nutzen Sie davon haben werden, und lassen Sie sich dann von Ihrem Wunsch nach diesem Nutzen vorantreiben. Interne Motivationen sind tendenziell einheitlicher, weil sie die universellen Wünsche und Bedürfnisse der Menschen ansprechen.

Was gewinnen Sie daraus? Vielleicht bekommen Sie Geld oder ein Gefühl von Glück und Erfüllung im Leben. Sie kommen einem Ziel näher, was eine Menge Vorteile bedeuten kann. Seien Sie ehrlich, wenn es darum geht, was Sie erreichen können.

Wie wird sich Ihr Leben verändern oder profitieren? Sie können vielleicht ein besseres Haus oder ein schöneres Auto bekommen, wenn Sie mehr Geld verdienen. Oder Sie können sich von Depressionen und ultimativer Traurigkeit erholen, indem Sie ein höheres Gefühl der Erfüllung erlangen.

Wie wird Ihre Familie davon profitieren? Ihre Familie bedeutet Ihnen sehr viel, also lassen Sie sich von ihr motivieren. Stellen Sie sich das Lächeln auf ihren Gesichtern vor, wenn Sie ihnen ein besseres Leben ermöglichen und sie stolz machen. Stellen Sie sich vor, dass Ihre Kinder bessere

Schulkleidung bekommen, in einer sichereren Nachbarschaft leben und sich eine Privatschule leisten können.

Welche Wirkung werden Sie auf andere haben? Vielleicht werden Sie für einige Menschen zum Vorbild, was wiederum dazu führt, dass Sie sich selbst wichtig und gut fühlen. Vielleicht können Sie für wohltätige Zwecke spenden oder bedürftigen Menschen im Winter Kleidung und Schuhe spenden. Vielleicht können Sie Geld spenden, um neue Infrastrukturen in Ihrer Gemeinde zu errichten, die nach Ihnen benannt werden.

Welche positiven Emotionen erwarten Sie? Denken Sie an das Glück, den Stolz und das Selbstwertgefühl, das Sie aus der endgültigen Erfüllung Ihres Ziels ziehen werden. Schließlich kann dies die Wurzel aller philanthropischen Bemühungen sein.

Wie werden Ihre Handlungen zu Ihren lang- und kurzfristigen Zielen führen? Machen Sie Schritte in Richtung Ihrer Ziele? Denken Sie beispielsweise an die Dinge, die Sie tun müssen, um einen Roman zu beenden, wie z. B. die Recherche und die tatsächliche

Wortzahl. Denken Sie dann an die Schritte, die Sie jeden Tag in Richtung dieser Ziele unternehmen.

Die Verwendung interner Motivatoren in Ihrem täglichen Leben kann Ihnen wirklich helfen, jede Aufgabe durchzuziehen. Selbst wenn es schwierig wird und Sie darüber nachdenken, aufzugeben, ist es viel einfacher etwas durchzuziehen, wenn Sie sich auf den Nutzen für Ihre Leben konzentrieren. Wenn Sie auf dem Weg zu Ihren Träumen in der langweiligen, manchmal schwierigen Arbeit feststecken, kann es schwer sein, zu sehen, warum Sie weitermachen sollten. Aber mit innerer Motivation können Sie sich auf Ihre tiefsten Werte besinnen und sich selbst an den Nutzen erinnern – der in der Regel viel größer ist als die vorübergehenden Hürden, den Sie gerade durchstehen.

Wann immer Sie also etwas tun müssen, das Sie hassen, denken Sie daran, wie es Sie Ihren Zielen näher bringen wird. Oder wann immer Sie sich langweilen oder müde sind, während Sie an Ihren Zielen arbeiten, denken Sie daran, wie großartig Sie sich fühlen werden, wenn Sie fertig sind.

Betrachten Sie jeden Tag Ihre Ziele und warum Sie sie erreichen wollen. Dann lassen Sie sich davon motivieren und treiben Sie Ihr Projekt voran.

Beantworten Sie die obigen Fragen und schreiben Sie die Antworten irgendwo auf. Schauen Sie sich regelmäßig an, was Sie aufgeschrieben haben, und erinnern Sie sich daran, warum Sie Ihren Status quo ändern oder verbessern wollen. Sie können eine Mischung aus internen und externen Motivatoren verwenden, aber was auch immer Sie tun, stellen Sie sicher, dass Sie bewusst auf Ihre Handlungen und das große *Warum* hinter diesen Handlungen schauen.

Verstehen der Opportunitätskosten

Durchzuhalten und zu beenden, was man beginnt, wird immer Opfer erfordern.

Dinge zu erledigen, die erledigt werden müssen, erfordert Geld, Anstrengung und die Aufopferung von Zeit, die Sie für Dinge aufwenden könnten, die Sie lieben. Da niemand gerne Opfer bringt, kann der drohende Schatten eines Opfers Ihre Ziele manchmal überschatten – es sei denn, Sie schaffen Motivatoren, die stark genug sind, um Ihre Aufopferung lohnenswert erscheinen zu lassen.

Alles im Leben hat seine *Opportunitätskosten*. Dies bedeutet, dass alles, was Sie tun, etwas von Ihnen abverlangt. Jede Handlung nimmt Zeit oder Mühe in Anspruch, die für etwas anderes eingesetzt werden könnte – wenn wir uns für diese Handlung entscheiden, entscheiden wir uns gleichzeitig aktiv *gegen* eine andere Handlung. Wenn wir uns entscheiden, vor dem Fernseher zu faulenzen, entscheiden wir uns gleichzeitig dafür, nichts Besseres mit unserer Zeit anzufangen. Faulenzen mag harmlos erscheinen, bis Sie bedenken, was es Sie wirklich kostet – die Gelegenheit, etwas Besseres zu tun.

Ein klassisches Beispiel ist die Person, die in einem netten, aber wenig herausfordernden Job bleibt. Es mag in Ordnung sein, aber jeden Tag, den sie dort bleiben, lernen sie nichts Neues, entwickeln sich nicht weiter, und wer weiß? Stattdessen könnte ihr Traumjob an jemand anderen gehen. Wenn sie schließlich gehen, stellen sie vielleicht fest, dass sie nicht mehr wettbewerbsfähig sind und ihre Fähigkeiten nicht mehr ausreichen. Der bequeme Job kostet tatsächlich mehr, als es auf den ersten Blick scheint – er kostet Chancen.

Wir wägen immer Kosten und Nutzen ab, und das sollten wir auch. Aber manchmal schätzen wir die momentanen Unannehmlichkeiten als mehr Mühe ein, als sie eigentlich sind, weil wir den Nutzen vergessen. Gitarre spielen zu lernen bedeutet einsame Stunden des Übens von Tonleitern und Akkorden und den Umgang mit schmerzhaften Schwielen an den Fingern. Auf die Uni zu gehen bedeutet, früh aufzustehen und zu einer langweiligen Vorlesung zu gehen und stundenlang Hausaufgaben zu machen. Sind Sie bereit, diesen Kompromiss einzugehen?

Wenn die Opportunitätskosten für Sie zu teuer sind, werden Sie es nicht durchziehen wollen. Sie müssen sich für einen Weg entscheiden und daran festhalten. Daher müssen Sie einen Motivator finden, der Sie dazu bringt, die Opportunitätskosten zu akzeptieren. Wenn Sie sich nicht motiviert genug fühlen, diese Kosten zu zahlen, dann werden Sie garantiert die Lust verlieren und aufgeben.

Daher gibt es zwei Möglichkeiten, dieses Problem zu lösen. Die erste ist, dass Ihre Motivation noch stärker und auffälliger sein muss, damit Sie diese alternativen Handlungen und die Dinge, die Sie aufgeben, ignorieren. Die Motivation muss Ihnen mehr bedeuten als die Dinge, die Sie opfern, damit Sie das Gefühl haben, dass sich all das lohnt.

Die zweite Lösung ist, dass Sie Ihre Opfer kleiner machen. Das bedeutet, dass weniger Schmerzen damit verbunden sind, die Dinge zu erledigen. In beiden Fällen muss die Kosten-Nutzen-Analyse deutlich zugunsten des Nutzens abgewogen werden – aber die erste Methode manipuliert den Nutzen, während die zweite Methode die Kosten manipuliert.

Ein Beispiel dafür ist, dass Sie Ihren wöchentlichen Freitagabend mit Freunden aufgeben, um zu einem spätabendlichen Geschichtskurs zu gehen. Dieser Kurs ist wichtig, um den erforderlichen Abschluss zu bekommen, um Ihre Traumkarriere zu starten. Aber Sie lieben den Abend mit Ihren Freunden.

Um die erste Lösung zu verwenden, muss Ihr Wunsch, in diesen Beruf einzusteigen, Ihr Leben zu verbessern und stolz auf sich selbst zu sein, überwiegen. Sie müssen sich vor Augen halten, dass sich Ihr Leben drastisch zum Besseren verändern wird, wenn Sie ein paar Freitagabenden widerstehen können – Sie müssen sich wirklich ständig auf diese Tatsache konzentrieren. Andernfalls werden Sie den unmittelbaren Konflikt als zu groß empfinden und den Kurs zugunsten Ihrer Freunde aufgeben.

Wenden wir nun die zweite Lösung an, um die gleichen Ergebnisse zu erzielen. Anstatt einfach auf den Freitagabend zu verzichten, planen Sie einen alternativen Abend oder sammeln Sie all Ihre Energie, um Ihre Freunde nach dem Unterricht zu treffen. So verwandeln Sie ein vollständiges Opfer in ein kompromittiertes Opfer. Das Endergebnis ist ein Kompromiss, der es Ihnen ermöglicht, weiterhin das zu tun, was

Sie wollen, während Sie gleichzeitig an Ihren Zielen arbeiten.

Wenn Sie mit Opportunitätskosten und potenziellen Opfern konfrontiert werden, denken Sie daran, dass Ihr Leben nicht zu 100% so weitergehen kann, wie Sie es sich wünschen – aber wenn Sie sich darauf konzentrieren, den Nutzen zu erhöhen oder das Opfer zu minimieren, können Sie weiter auf Ihre Ziele hinarbeiten und bleiben gleichzeitig motiviert. Je mehr Sie Ihre harte Arbeit nicht als Opfer, sondern als eine bewusste Entscheidung für einen Traum betrachten können, desto wahrscheinlicher ist es, dass Sie es durchziehen.

Behalten Sie Ihre Motivation im Auge

Interne und externe Motivatoren sind großartige Mittel, um die Produktivität und das Engagement zu steigern, die für das Durchziehen erforderlich sind. Aber sie werden Ihnen nicht helfen, wenn sie aus den Augen und aus dem Sinn sind.

Laut der Zeitschrift *Psychological Science* sind Menschen eher geneigt, ihre Ziele durchzuziehen, wenn sie Stimuli ausgesetzt sind, die sie an ihre Motivatoren erinnern. Ihre Motivatoren zu sehen oder zu hören, kann sie antreiben, die Motivation aufrechtzuerhalten. Mit anderen Worten, manchmal funktionieren die einfachsten Lösungen am besten: Ständige Erinnerungen. Diese halten Sie auf dem richtigen Weg, denn unser Verstand kann sich nur auf so viele Dinge fixieren.

Darüber hinaus entwickelte Katherine Milkman von der University of Pennsylvania die Hypothese, dass Erinnerungen durch Assoziationen Menschen dabei helfen könnten, sich an Ziele zu erinnern und sie zu verfolgen.

Um diese Hypothese zu bestätigen, führte sie eine Studie durch, deren Teilnehmer gebeten wurden, eine einstündige Computeraufgabe zu erledigen. Ihnen wurde eine Entschädigung versprochen sowie eine Spende an die örtliche Tafel. Sie wurden gebeten, sicherzustellen, dass die Spende geleistet wurde, indem sie Büroklammern aufhoben, wenn sie ihre Entschädigung erhielten. Der Kontrollgruppe wurde dies gesagt und dann für ihre Zeit gedankt. Der Testgruppe wurde gesagt, dass die Büroklammern bei einer Elefantenstatue warten würden.

Es stellte sich heraus, dass 74% der Gruppe, der von der Elefantenstatue erzählt wurde, sich daran erinnerten, am Ende der Studie ihre Büroklammern zu holen. Nur 42% der Mitglieder der anderen Gruppe erinnerten sich daran. Durch den visuellen Hinweis auf die Elefantenstatue fiel es den Studenten tatsächlich leichter, sich an die Erfüllung der einfachen Aufgabe zu erinnern. Als die Studenten die ungewöhnliche Statue sahen, weckte sie ihre Erinnerungen weit mehr als normal aussehende Notizen.

Darüber hinaus fanden Rogers und Milkman heraus, dass sehr auffällige Hinweise besser funktionierten. Zum Beispiel erinnerte eine schriftliche Notiz die Studenteilnehmer nicht so gut wie ein visueller Hinweis einer der Aliens aus *Toy Story*.

Der beste Weg, Motivatoren für sich arbeiten zu lassen, ist daher, sich ihnen häufig auszusetzen. Sie können Hinweise verwenden, die Sie dazu bringen, Ihre Motivation im Auge zu behalten und somit durchzuziehen. So wird Ihr Verstand davon abgehalten, über ein momentanes Opfer oder eine vorübergehende Unannehmlichkeit nachzudenken, und es ist wahrscheinlicher, dass Sie auf Ihrem geplanten Kurs bleiben. Diese Hinweise müssen Ihnen jedoch auffallen.

Verwenden Sie zum Beispiel laute, lebendige Bilder, die Sie nicht ignorieren können, oder nutzen Sie andere Sinne und beziehen Sie Geräusche, Texturen und Düfte ein. Stellen Sie ein Bild Ihres Kindes auf Ihren Schreibtisch, um Sie daran zu erinnern, weiter an Ihrem Traum von einer besseren finanziellen Zukunft für Ihre Familie zu arbeiten – aber lassen Sie den Bilderrahmen zusätzlich nach dem Shampoo Ihres Kindes oder nach dem Parfüm Ihres Ehepartners riechen. Wir sprechen hierbei also nicht nur über visuelle Hilfen, indem wir überall Post-its anbringen – die Hinweise können auf fantasievolle und kreative Weise über unsere fünf Sinne verteilt werden.

Achten Sie jedoch darauf, diese Hinweise alle paar Tage zu verschieben und zu verändern, damit Sie sich nicht zu sehr an sie gewöhnen und beginnen, sie als Teil der

Hintergrundgeräusche Ihres Lebens zu
ignorieren.

Schließlich können Sie Ihre Motivatoren
auch alle paar Tage mit unterschiedlichen
Formulierungen aufschreiben. Achten Sie
auch hier auf Abwechslung. Die
Wiederholung des Hinweises hilft, die
Motivation fest und frisch in Ihrem
Gedächtnis zu verankern.

Wichtige Erkenntnisse:

* Wie bleiben wir hungrig und motiviert?
  Indem man in die Tiefe geht und sich
  wirklich fragt, welche inneren und
  äußeren Motivatoren einem zur
  Verfügung stehen – eine Aufgabe, die
  selten erfüllt wird.
* Externe Motivatoren sind, wenn wir
  andere Menschen, Orte und Dinge
  nutzen, um uns zum Handeln zu
  bewegen. Meistens handelt es sich dabei
  um Methoden, mit denen wir negative
  Konsequenzen in Bezug auf andere
  Menschen, Orte und Dinge vermeiden
  wollen. Zu diesen Methoden gehören
  Accountability-Partner und

Accountability-Gruppen, das Investieren von Geld sowie die Selbstbestechung.

- Interne Motivatoren sind, wenn wir uns darauf konzentrieren, wie wir unser Leben verbessern können, und selbständig die Entscheidung treffen, auf ein Ziel hinzuarbeiten. Dies sind universelle Bedürfnisse, Antriebe und Wünsche, die man leicht aus den Augen verlieren kann. Der einfachste Weg, diese zu finden, ist die Beantwortung einer Reihe von Fragen, wie: *Wie werde ich davon profitieren* und *wie wird sich mein Leben dadurch verbessern?* Erst durch die Beantwortung dieser Fragen erkennen Sie, was Sie vernachlässigen.

- Alles, was wir erreichen wollen, ist mit Opportunitätskosten verbunden. Wir müssen Opfer bringen, selbst wenn es das Fernsehen auf der Couch ist. Wir können mit diesem mentalen Hindernis umgehen, indem wir mit dem Kosten-Nutzen-Verhältnis spielen, sodass die Kosten minimiert oder der Nutzen maximiert wird. Wenn wir uns bewusst an die Vorteile erinnern, während wir die Kosten herunterspielen, können wir die Motivation auch bei schwierigen oder langweiligen Schritten auf unser Ziel hin aufrechterhalten.

- Es hat sich gezeigt, dass Motivation am besten funktioniert, wenn wir an sie erinnert werden – ansonsten gilt: Aus den Augen, aus dem Sinn. Daher sollten Sie überall um sich herum Hinweise auf Ihre Motivation haben – aber achten Sie darauf, dass sie deutlich und einprägsam sind, dass Sie alle fünf Sinne nutzen (sogar den Geschmack) und dass Sie sie regelmäßig ändern und austauschen, um zu vermeiden, dass Sie sich an sie gewöhnen und sie vergessen.

Kapitel 3: Erstelle ein Manifest

Wenn Sie sich ein Ziel setzen und sich vornehmen, es zu erreichen, werden Sie garantiert irgendwann auf die Probe gestellt. Sie werden vor Weggabelungen stehen, an denen Sie abwägen müssen, ob Sie durchhalten oder aufgeben. Anstatt jedes Mal die schwere Entscheidung zu treffen und Ihre Willenskraft zu testen, können Ihnen gewisse Regeln bei der Entscheidung helfen – und zwar bevor Sie diese Gabelungen erreichen.

Seit Kindesalter wird uns gesagt, dass wir Regeln befolgen müssen. Nun, dieses Mal können wir unsere eigenen Regeln wählen, die uns letztendlich helfen, genau das zu erreichen, was wir wollen. Es geht darum, bewusst vorbereitet zu sein, damit wir nie unvorbereitet erwischt werden.

Regeln können im Allgemeinen als *mentale Modelle* bezeichnet werden, die für das Durchziehen entscheidend sein können. Das liegt daran, dass sie eine festgelegte Art und Weise schaffen, wie Sie jede Entscheidung treffen müssen, ohne Ausnahmen. Da Ihre Entscheidungen also automatisch durch Ihre Regeln bereits für Sie getroffen wurden, haben Sie keinen Raum mehr, um aufgrund nachlassender Willenskraft und Selbstdisziplin die falsche Entscheidung zu treffen, nämlich aufzugeben.

Regeln ziehen Sie zur Rechenschaft, so dass Sie nicht jeden Tag improvisieren, sondern stattdessen geführt werden. Es kann unglaublich hilfreich sein, intelligente Regeln für sich selbst aufzustellen, wenn Sie sich stark und inspiriert fühlen. Diese werden Sie durch die Momente leiten, in denen Sie weniger konzentriert und motiviert sind. Nutzen Sie Ihre Regeln, um Ihr Weltbild und Ihr tägliches Handeln zu steuern. Lassen Sie sie jede Entscheidung für Sie treffen.

Ein gutes Beispiel für eine Regel ist, jeden Tag immer zwei Aufgaben auf Ihrer To-Do-Liste für Ihr Ziel zu erledigen. Sagen Sie sich, dass es einfach inakzeptabel ist, dies nicht zu tun – Sie müssen die Schritte erledigen, egal was passiert; so wie Sie jeden Tag Ihre Zähne putzen müssen, keine Frage. Als Ergebnis werden Sie feststellen, dass Sie Fortschritte in Richtung Ihres Ziels machen, auch wenn Sie es nicht wollen. Die Entscheidung liegt nicht in Ihrer Hand. Die Entscheidung, jeden Tag zu arbeiten, liegt nicht in Ihrer Hand; sie wurde bereits durch Ihre Regel für Sie getroffen, und somit haben Sie keine andere Wahl, als es zu tun. Keine Willenskraft, keine Ausreden, keine Diskussion. Sie tun es einfach, bevor Sie überhaupt merken, dass Sie es getan haben.

Betrachten Sie das Beispiel von John, ein Schriftsteller, der genau diese Regel, immer zwei Punkt auf seiner To-Do-Liste zu erledigen, nicht anwendet.

Am Morgen ist er voller Vorfreude und denkt: „Nach der Arbeit werde ich nach Hause gehen und anfangen, meinen Roman zu schreiben! Ich werde zwei Kapitel schreiben." Dann geht er zur Arbeit, wird müde und verliert im Laufe des Tages langsam aber sicher seine Inspiration. Als er dann nach Hause kommt, will er nur noch *Gossip Girl* schauen. Da er sich diese Regel nicht gesetzt hat, kommt er nicht zum Schreiben. Er hat null Fortschritte gemacht und ist weit von seinem Ziel entfernt. Die Schuldgefühle, die ihn plagen, sind furchtbar. Als er zu Bett geht, schwört er sich, dass er den verlorenen Fortschritt wieder wettmachen wird, indem er am folgenden Tag vier Kapitel schreibt.

Was denken Sie, was dann passiert? Er kommt wieder müde und niedergeschlagen nach Hause. Er lässt die Tatsache, dass die Arbeit ihn auslaugt, zu seiner Ausrede werden. Da er außerdem vor der monumentalen Aufgabe steht, heute *vier* Kapitel zu schreiben, fühlt es sich unmöglich an, damit zu beginnen. Wenn er am Vorabend keine Energie für zwei Kapitel hatte, wird er heute Abend sicher nicht die Energie für vier Kapitel haben. Er wird überwältigt und schreibt überhaupt nicht. Es scheint, als würde er diesen Roman nie zu Ende schreiben, weil er immer irgendeine Ausrede findet, um sich vom eigentlichen Schreiben abzulenken.

Er gab sich selbst zu viel Wahl und Spielraum und erlaubte damit nur allzu leicht Selbstsabotage.

Stellen wir uns nun vor, dass John jeden Tag die Regel anwendet, die nur schwarz und weiß zulässt, und sich nicht um Müdigkeit kümmert. Egal wie müde und uninspiriert er sich fühlt, er weiß, dass er nach der Arbeit zwei Kapitel pro Abend schreiben muss – ohne Ausnahmen und ohne Ausreden. Wenn er also nach Hause kommt, schaut er auf seinen Computer und fühlt sich versucht, einfach fernzusehen und seine Energie auf der Couch zu sparen. Aber weil er eine Regel in seinem Leben befolgt, kann er sie nicht brechen und muss schreiben. Tatsächlich plant er den ganzen Tag danach, weil er weiß, dass es kommen wird. Er setzt sich hin, nimmt die beiden Kapitel in Angriff und geht erschöpft, aber zufrieden und stolz ins Bett. Er hat bedeutende Fortschritte in seinem Roman gemacht. Ziemlich bald ist er mit seinem Roman fertig und das Gefühl der Erfüllung ist die Energie wert, die er nach der Arbeit erschöpft für den Roman aufwenden musste.

Ist es nicht lustig, wie Menschen immer Zeit finden, Dinge zu tun wie *Gossip Girl* zu schauen? Egal was, sie finden einen Weg, es einzubauen, tagein, tagaus, und stellen nie in Frage, ob sie stattdessen etwas anderes tun könnten oder sollten. Sie denken nicht einmal daran, es nicht zu tun. Sich selbst Regeln aufzuerlegen ist ein bisschen so, als würde man harte Arbeit in die gleiche Kategorie wie Mittagsfernsehen stecken – denken Sie daran, was Sie erreichen könnten, wenn Sie an Ihren Träumen so automatisch arbeiten würden, wie Sie nach der Fernbedienung greifen!

Regeln helfen Ihnen, die Dinge durchzuziehen, weil sie Ihre Sichtweise einschränken. Wenn Sie Ihrer Entscheidungsbefugnis beraubt sind – dieselbe Befugnis, die Sie dazu bringt, in sozialen Medien herumzustöbern, wenn wichtige Aufgaben erledigt werden müssen –, dann sind Ihnen die Hände gebunden und das Durchziehen ist Ihre einzige Wahl. Paradoxerweise handelt es sich hierbei um einen sehr befreienden Geisteszustand.

In diesem Kapitel geht es darum, eine Reihe von Regeln zu erstellen, die gemeinsam als *Manifest* bezeichnet werden. Es wird Ihnen helfen, wenn Sie auf eine Weggabelung stoßen. Sie schieben und leiten Sie in die richtige Richtung und vermeiden es, die Ihre Willenskraft zu erschöpfen. Wichtig ist, dass Sie sich alles gut überlegen, *bevor* Sie erschöpft und voller Ausreden sind und sich mit vielen Ablenkungen konfrontiert sehen. Hier sind ein paar Ideen für Sie.

Regel 1: Beurteilen Sie sich selbst

Regel 1 ist, sich zu fragen: „Würde ich aufgeben, wenn ich nicht aus Faulheit oder Angst handeln würde?" Damit machen Sie sich selbst klar, dass Sie nicht aus einem Mangel an Fähigkeiten oder Talent handeln, sondern dass Sie nur den einfachen Weg gehen. Ist es das, was Sie sich selbst eingestehen wollen? Wenn Sie der Tatsache ins Auge sehen, dass Sie faul oder ängstlich sind, bringt Sie das dazu, nicht mehr so sein zu wollen. Es ist der Tritt in den Hintern, der Sie dazu zwingt, sich selbst als faul/ängstlich zu bezeichnen und der Sie dann dazu bringt, etwas zu unternehmen.

Diese Frage stoppt lahme Ausreden von vorneherein. Nein, es ist nicht ein Mangel an Zeit oder der bellende Hund nebenan oder die Regierung oder Ihre Mutter. Nein, das Hindernis liegt wahrscheinlich nicht außerhalb Ihrer Kontrolle und zwingt Sie dazu, hilflos aufzugeben, obwohl Sie eigentlich nur das Richtige tun wollten. Vielmehr gilt: Je eher Sie aufhören, an Ihre eigenen Ausreden zu glauben, desto eher können Sie das angehen, was Ihnen wirklich im Weg steht: Sie selbst.

Wenn Sie sich eingestehen, dass Ihnen nur Angst oder Faulheit im Weg steht, können Sie erkennen, wie sinnlos das ist, und es überwinden. Bevor Sie also aufgeben, machen Sie es sich zur Regel, dass Sie sich immer fragen, ob es in Wirklichkeit Faulheit oder Angst ist, die Sie vom Handeln abhält.

Nehmen wir an, Sie haben sich zum Ziel gesetzt, einen bestimmten Geldbetrag zu verdienen, indem Sie in einem Monat eine gewisse Anzahl an Projekten abliefern. Aber die Arbeit ist hart und Sie verlieren die Motivation. Sie wollen aufhören zu arbeiten und sich einige Tage frei nehmen. Fragen Sie sich: „Bin ich nur faul?" Das bringt Ihren

Hintern in Bewegung und Sie werden aktiv. Sie tun Ihre Arbeit und fühlen sich besser, weil Sie wissen, dass Sie Ihr Bestes geben.

Regel 2: Maximal drei Aufgaben

Regel 2 ist, sich auf *maximal* drei Dinge am Tag zu konzentrieren. Maximal. Ja, Sie haben richtig gelesen. Warum sollte man sich ein Maximum setzen? Weil Überforderung oder Desorganisation Ihre Tatkraft töten kann. Erinnern Sie sich daran, wie Perfektionismus die Produktivität verringern kann, anstatt sie zu inspirieren? Gleiches Schema.

Manchmal können wir das, was wir wollen, nicht durchziehen, weil wir nicht klug planen. Wir geben uns zu viel zu tun und werden überwältigt. Aber mit dieser Regel können Sie gegen dieses Problem planen, indem Sie sich nur auf maximal drei Dinge pro Tag konzentrieren. Planen Sie, wie Sie Ihren Fokus auf nur drei Dinge reduzieren können, indem Sie am Vorabend entscheiden, welche das sein werden. Bereiten Sie sich darauf vor, sich nur auf diese Dinge zu konzentrieren, damit Sie logisch planen und nicht emotional reagieren können.

Sie werden vielleicht feststellen, dass dies in mancher Hinsicht schwieriger ist, als sich eine umfangreiche Aufgabenliste zu geben. Es ist eine Gewohnheit, die Sie dazu zwingt, Prioritäten zu setzen. Ein Rückschlag, auf den Sie bei der Auswahl von drei Hauptaufgaben pro Tag treffen werden, ist die Differenzierung. Sie müssen insbesondere lernen, zwischen *wichtigen* Dingen und *dringenden* Dingen zu unterscheiden. Wichtige Dinge müssen erledigt werden und sollten es in Ihre Top 3 schaffen, während dringende Dinge nicht notwendig sind.

Dringende Dinge scheinen wichtig zu sein und verursachen Stress, aber sie sind vielleicht nicht *wirklich* wichtig oder haben Priorität. Dringend könnte sein, sich Zeit für einen Kunden zu nehmen, der Sie etwas bedrängt. Ein Projekt vor dem Abgabetermin an einen Kunden zu übermitteln ist wiederum ein Beispiel für eine wichtige Aufgabe. Alles, was auf Ihrer Agenda steht, wird Ihnen wichtig *und* dringend erscheinen, also müssen Sie bestimmen, was davon wichtig ist, und entsprechend planen.

Unterscheiden Sie auch zwischen nutzloser Bewegung, die Sie beschäftigt erscheinen lässt, aber nichts bewirkt, und tatsächlicher Aktion, die eine konkrete Bewegung hin zu dem ist, was Sie wollen. Eine nutzlose Bewegung ist das Verschieben von Papieren auf Ihrem Schreibtisch, während eine tatsächliche Aktion darin besteht, diese Papiere zu verwenden, um Arbeit zu erledigen und Fortschritte in einem Projekt zu machen. Machen Sie wirklich wichtige Dinge zu Ihrer Priorität.

Wie könnten Sie diese Regel verwenden, um eine Agenda festzulegen? Angenommen, Sie haben fünf Aufgaben für Ihr Unternehmen zu erledigen. Zwei der Aufgaben sind dringend, aber nicht wirklich wichtig, also beschließen Sie, sich später darauf zu konzentrieren.

Sie wählen drei Aufgaben aus, auf die Sie sich konzentrieren wollen, und bewerten, welche davon am wichtigsten ist, damit Sie sich zuerst darauf konzentrieren können. Schauen Sie sich am Vorabend diese drei

Punkte auf Ihrer Aufgabenliste an und legen Sie fest, welche Schritte Sie tatsächlich unternehmen werden, um diese Punkte zu erledigen, beginnend mit dem wichtigsten.

Erledigen Sie am nächsten Tag die erste Aufgabe, dann die zweite und dann die dritte. Erledigen Sie immer nur eine Aufgabe auf einmal und betreiben Sie kein Multitasking. Am Ende des Arbeitstages haben Sie gerade drei wichtige Aufgaben in einem realistischen Tempo erledigt! Und noch ein Tipp: Manchmal stellt sich heraus, dass die vierte und fünfte Aufgabe gar nicht mehr relevant ist – in diesem Fall sind Sie froh, dass Sie sich nicht von ihnen ablenken lassen.

Regel 3: Erstellen Sie Einschränkungen und Anforderungen

Regel 3 ist, sich selbst Regeln zu setzen. Erstellen Sie einen tatsächlichen Verhaltenskodex, an den Sie sich halten können, um disziplinierter zu sein. Schreiben Sie Ihren Kodex detailliert auf und hängen Sie ihn dann an eine sichtbare Stelle. Auch wenn Sie sich vielleicht nicht jeden Tag an alle Regeln halten, haben Sie zumindest eine bessere Chance Dinge durchzuziehen, wenn Sie sich tatsächlich die Zeit nehmen, über Ihren Verhaltenskodex nachzudenken und ihn aufzuschreiben.

Die Regeln sollten entweder *Einschränkungen* oder *Anforderungen* für das schaffen, was Sie jeden Tag tun, damit Sie tatsächlich die Initiative ergreifen und Aufgaben erledigen.

Diese Regel zwingt Sie dazu, festzustellen, was Sie wirklich brauchen und wollen, und zu analysieren, was Sie zu erreichen hoffen. Im Grunde halten Sie inne, um sich selbst zu überprüfen und zu bewerten, wie Sie auf dem Weg zu Ihrem ultimativen Ziel vorankommen, und zwar auf täglicher Basis. Es hilft Ihnen, sich mehr auf Ihre Absichten zu konzentrieren und sie zu klären, wodurch sie zu einem integralen Bestandteil Ihrer Arbeitsmoral werden. Wenn Sie sich also etwas vornehmen, haben Sie eine Regel, die Sie dazu bringt, das Projekt durchzuziehen.

Geben Sie sich selbst fünf tägliche Einschränkungen und fünf tägliche

Anforderungen. Machen Sie klare Aussagen darüber, was Sie *nicht* tun können und was Sie tun *müssen*.

Einschränkungen sind relativ einfach zu verstehen. Sie grenzen Ablenkung und Versuchung ein. Was die Anforderungen betrifft, müssen Sie verstehen, dass Sie nicht Superman oder Superwoman sind. Überfordern Sie sich also nicht. Arbeiten Sie stattdessen intelligenter und haben Sie fünf Anforderungen, die Sie *realistisch* erfüllen können. Sie werden sich vielleicht nicht immer an diese Regel halten, aber Sie haben zumindest eine Orientierung für sich selbst. Außerdem gewinnen Sie etwas Klarheit darüber, was Sie sich jeden Tag vorgenommen haben.

Ein Beispiel ist die Einschränkung, dass Sie nicht mehr als eine Stunde pro Tag fernsehen, nicht mehr als eine Stunde auf Facebook verbringen und nicht länger als eine Stunde Mittagspause machen. In der Zwischenzeit sind Ihre Anforderungen, dass Sie mindestens 30 Seiten pro Tag lesen müssen, dass Sie mindestens vier Stunden vor der Mittagspause arbeiten und dass Sie insgesamt acht Stunden Arbeit erledigen müssen, bis Sie sich abmelden oder die Arbeit beenden.

Auch hier werden Sie sich vielleicht nicht immer perfekt an die Regeln halten, aber es ist wahrscheinlich, dass Sie viel mehr erreichen können, als wenn Sie sich nur auf Ihre Willenskraft verlassen würden. Tatsächlich kann es fast schon entspannend sein, zu wissen, dass Sie sich dank der Regeln auf dem Weg zu Ihrem Ziel befinden. Das große Denken ist bereits getan – alles, was Sie tun müssen, ist die kleine tägliche Aufgabe, die vor Ihnen liegt. Das war's.

Regel 4: Bekräftigen Sie Ihre Absichten

Regel 4 ist der Regel 1 sehr ähnlich. Diese Regel kommt ins Spiel, wenn Sie vor der Entscheidung stehen, ob Sie etwas durchziehen wollen oder nicht. Diese Regel zielt darauf ab, *Ihre Absichten zu bekräftigen*, indem Sie sich an diese erinnern und warum Sie sie erreichen wollen.

Wenn Sie sich dabei ertappen, wie Sie zwischen Aufhören und Durchhalten abwägen, stellen Sie sich diese drei Fragen.

Noch besser ist es, wenn Sie die Antworten irgendwo aufschreiben, damit Sie sie noch einmal durchsehen können.

„Ich möchte..." Hier geben Sie Ihr Endziel an und wie Sie davon profitieren werden. Was ist Ihr Grund und Ihre Motivation? Erinnern Sie sich immer wieder an die externen oder internen Motivatoren, die Sie auf Ihrer Seite haben. Erinnern Sie sich an Dinge, wie: „Ich möchte reich sein." Sicher, im unmittelbaren Moment sagen Sie sich vielleicht „Ich will eine Menge Geld für dieses nutzlose Gerät ausgeben", aber ist es *wirklich* das, was Sie wollen? Wenn Sie es mit dem größeren Wunsch vergleichen, so viel Geld wie möglich zu sparen und zu investieren, können Sie dann noch sagen, dass Sie es wollen?

„Ich werde..." Hier geben Sie an, wie Sie das Endziel erreichen können und was Sie alles tun sollten, um dorthin zu gelangen. Diese Aussage lenkt Ihre Aufmerksamkeit wieder darauf, wie notwendig es ist, gewisse Dinge zu erledigen, und wie diese Aufgaben mit dem Endziel verbunden sind. Der Weg ist ein notwendiger Teil des Ziels. Es hilft Ihnen, in dieser Aussage sehr spezifisch zu

sein, um zu sehen, welche Handlungen Sie wirklich durchführen müssen. Sagen Sie sich z. B.: „Wenn ich reich werden will, muss ich dieses Projekt abschließen und hart an anderen Projekten arbeiten."

„Ich werde nicht..." Hier geben Sie an, was Sie nicht tun sollten, weil diese Handlung Ihren Fortschritt in Richtung Ihres Endziels behindern wird. Es gibt viele Dinge, die Ihren Fortschritt behindern, darunter Ablenkungen, Versuchungen, mangelnde Disziplin, Prokrastination und andere destruktive oder verschwenderische Handlungen. Sagen Sie sich etwas wie: „Wenn ich reich werden will, werde ich mich nicht mit sozialen Medien ablenken und ich werde soziale Medien nicht über meine Arbeitsprojekte stellen." Allein die Tatsache, dass Sie sich im Voraus sagen, was Sie tun und lassen werden, kann Ihre Entschlossenheit festigen und Sie daran erinnern, was wirklich wichtig ist.

Wenden wir dieses Konzept auf ein potenzielles Problem aus dem wirklichen Leben an, dem Sie vielleicht begegnen. Während Sie daran arbeiten, eine Zertifizierung zu bekommen, das für eine

Gehaltserhöhung bei der Arbeit notwendig ist, finden Sie die Menge an Arbeit überwältigend und Sie verachten es, so wenig freie Zeit zur Verfügung zu haben. Sie denken darüber nach, aufzugeben und die Zertifizierung in den Wind zu schießen. Schließlich haben Sie einen Job, müssen Sie sich also wirklich weiterbilden?

Während Sie darüber nachdenken, erkennen Sie, dass dies der Zeitpunkt ist, an dem Sie diese Regel anwenden sollten, weil Sie auf eine Weggabelung gestoßen sind. Es ist die Zeit, in der es um alles oder nichts geht – und Sie sitzen auf dem Fahrersitz. Sie entscheiden sich, die Regel zu befolgen und sagen sich drei Dinge:

„Ich möchte bei der Arbeit mehr Geld verdienen und mir ein schöneres Haus für mich und eine zukünftige Familie leisten können."

„Wenn ich mehr Geld haben und in eine bessere Position kommen will, werde ich diese Zertifizierung beenden, um eine Gehaltserhöhung bei der Arbeit zu bekommen."

„Wenn ich bei der Arbeit mehr Geld verdienen und mich in eine bessere Position bringen will, werde ich mich nicht entmutigen lassen. Ich werde die Arbeit erledigen, um dieses Programm abzuschließen und mich nicht durch einfache Versuchungen oder Faulheit aus der Bahn werfen lassen."

Sie haben gerade Ihre Absichten von Anfang bis Ende dargelegt. Wie Sie vielleicht bemerkt haben, ist die Wiederholung sehr wichtig um etwas durchzuziehen, und Geistesgegenwart ist der Schlüssel zum Erfolg. Wir mögen die besten Absichten haben, aber wenn wir sie einfach vergessen, was nützen sie dann?

Wenn Sie sich diese Fragen ständig stellen – Ihr Endziel und die notwendigen Schritte, sowie die Schritte, die Sie unterlassen sollten –, wird alles kristallklar. Der Trick ist, diese Klarheit genau dann zu nutzen, wenn es darauf ankommt: an dem Punkt, an dem Sie Gefahr laufen, aufzugeben und das Handtuch zu werfen.

Regel 5: Denken Sie in Abschnitten von 10-10-10

Wenn Sie das nächste Mal das Gefühl haben, dass Sie kurz davor sind, einem Drang oder einer Versuchung nachzugeben, halten Sie inne und fragen Sie sich, wie Sie sich in 10 Minuten, 10 Stunden und 10 Tagen fühlen werden.

Diese Regel mag nicht sehr hilfreich erscheinen, aber sie ist effektiv, weil sie Sie zwingt, an Ihr zukünftiges Ich zu denken und zu sehen, wie sich Ihre Handlungen in der Zukunft auswirken werden – im Guten wie im Schlechten. Oft wissen wir zwar, dass wir in einem bestimmten Moment Willenskraft verlieren oder etwas Schädliches tun, aber das reicht nicht aus, um uns davon abzuhalten, weil wir keine Verbindung zu unserem zukünftigen Ich haben, das mit den Konsequenzen umgehen muss. Diese Regel schafft schnell diese Verbindung, und das kann den Unterschied zwischen einem Erfolg oder Misserfolg der Disziplin ausmachen.

Wenn Sie mit einem leckeren Stück Kuchen konfrontiert werden, kann die Versuchung überhand nehmen und es scheint, als wäre es das Einzige, was zählt. Eingenommen von dem Genuss des Kuchens, vergessen Sie den größeren Genuss: Ihre Ziele zu erreichen, Gewicht zu verlieren, gesünder zu werden und Ihren Willen zu stärken. Im gegenwärtigen Moment bedeutet der Genuss, Ihr Traumgewicht zu erreichen, so gut wie nichts – es ist einfach zu abstrakt, mit Vorteilen, die erst zu einem späteren Zeitpunkt eintreffen. Deshalb müssen Sie diese Vorteile geistig näher heranholen, damit Sie sich daran erinnern können, was Sie wirklich verlieren, wenn Sie nachgeben und den Kuchen verschlingen.

Warum Zeitintervalle von 10 Minuten, 10 Stunden und 10 Tagen? Weil Ihnen das hilft zu erkennen, wie kurzfristig das Vergnügen oder der Komfort einer Disziplin im Verhältnis zu ihren langfristigen Folgen ist. Nach 10 Minuten fühlen Sie sich vielleicht gut, vielleicht schleicht sich nur das erste bisschen Schuldgefühl ein. Nach 10 Stunden werden Sie hauptsächlich Scham und Bedauern empfinden. Zehn Tage später werden Sie vielleicht von Bedauern zerfressen sein, nachdem Sie erkannt haben, welche negativen Folgen Ihre Entscheidung oder Handlung für das Verfolgen Ihrer langfristigen Ziele hatte.

Auf der anderen Seite könnten Sie diese Regel anwenden und feststellen, dass ein Fehltritt beim Durchziehen Ihrer Vorhaben in 10 Tagen keinen großen Unterschied machen wird. Wenn das der Fall ist, dann können Sie sich ohne Schuldgefühle oder Scham ein bisschen was gönnen. Wichtig ist, dass Sie Ihr zukünftiges Ich in die Gleichung einbeziehen, wenn Sie die wahren Kosten und Vorteile einer Handlung abwägen. Allzu oft erweist sich das, was in der Hitze des Gefechts wie eine tolle Idee erschien, als langanhaltendes Bedauern.

Stellen Sie sich zum Beispiel vor, dass Sie diese Regel anwenden, wenn Sie entscheiden, ob Sie ein Training ausfallen lassen, um mit Kollegen essen zu gehen oder nicht. Wenn Sie gerade erst mit dem Training begonnen haben und es noch nicht zu einer festen Gewohnheit geworden ist, könnte Ihre Entscheidung, ein einziges Training ausfallen zu lassen, die Wahrscheinlichkeit erhöhen, dass Sie zukünftige Trainingseinheiten ausfallen lassen oder ganz mit dem Training aufhören.

Wie werden Sie sich in 10 Minuten, 10 Stunden und 10 Tagen fühlen? Zehn Minuten – gut, mit einem leichten Anflug von Reue, weil Sie die Lasagne oder das Eis immer noch schmecken können. Der Genuss ist immer noch spürbar. Zehn Stunden – fast ausschließlich Bedauern, da das Vergnügen vorbei und flüchtig ist und Ihre Diät gründlich gebrochen wurde. Zehn Tage – 100% Bedauern, denn die gebrochene Disziplin ist nun völlig bedeutungslos und nur noch eine schwache Erinnerung. Die Lasagne hat keinen dauerhaften Nutzen, aber sie hat einen dauerhaften Preis. Tatsächlich hat der Wert der Lasagne rapide abgenommen, während das Ziel, das Ihnen wirklich am Herzen lag, weiter entfernt scheint als je zuvor.

Andererseits, wenn das Training bereits eine beständige und angenehme Gewohnheit für Sie ist, dann wird Ihnen die Vorstellung, wie Sie sich in 10 Tagen fühlen werden, schnell zeigen, dass ein ausgelassenes Training nicht schädlich für Ihre langfristige Disziplin oder Ihre Ziele ist. Während Sie gelegentliches Versagen als Beweis dafür ansehen, dass Ihre gesamte Mission zum Scheitern verurteilt ist, relativiert die 10-10-10-Frage die Dinge und macht es tatsächlich einfacher, wieder auf den richtigen Weg zu kommen, als wenn Sie sich in Selbstvorwürfe verstricken würden.

Und wenn Sie sich von dieser Regel nicht beeinflussen lassen oder Ihr Dilemma mit der Willenskraft besonders schwierig ist, können Sie eine letzte Frage für sich selbst hinzufügen: Wie wird sich das heutige Nachgeben auf Sie in 10 Wochen oder noch längerfristig auswirken? Vielleicht möchten Sie die Parameter auf 10 Wochen ändern, wenn Sie hauptsächlich mit längerfristigen Entscheidungen und Aufgaben beschäftigt sind.

In diesem Prozess ist es entscheidend, dass Sie ehrlich zu sich selbst sind und sich vor Ihren eigenen Fähigkeiten, zu rationalisieren und Ausreden zu finden, hüten. Es kann sein, dass Sie in der Vergangenheit mehrmals versucht haben, mit einem Suchtverhalten aufzuhören, nur um zu scheitern und das schädliche Verhalten schließlich zu verstärken. Wenn Sie in der Vergangenheit nach einem einzigen Ausrutscher in schlechte

Gewohnheiten verfallen sind, dann wird Ihnen eine ehrliche Einschätzung, wie Sie sich nach 10 Tagen oder 10 Wochen fühlen würden, sagen, dass Sie sich einfach keinen Ausrutscher leisten können, wenn Sie Ihre langfristigen Ziele erreichen wollen. Es war keine Ausnahme oder in diesem einen Umstand gerechtfertigt – es ist ein Spiegelbild Ihres Charakters, im Guten wie im Schlechten.

Ohne diese Ehrlichkeit und die Fähigkeit, Ihre eigenen Rationalisierungen und Ausreden als das zu erkennen, was sie sind, kann die Anwendung dieser Regel eine sinnlose Übung sein.

Regel 6: Nur 10 Minuten

Die finale Regel ist einfach, leicht und leistungsstark.

Wenn Sie etwas Negatives, Schädliches oder Beeinträchtigendes wollen, warten Sie mindestens 10 Minuten, bevor Sie es bekommen. Das ist alles – nur schlappe 10 Minuten. Es ist einfach und lässt keinen Raum für Diskussionen oder Ausreden. Wenn Sie ein Verlangen verspüren, zwingen

Sie sich dazu, 10 Minuten zu warten, bevor Sie dem Verlangen nachgeben, egal was es ist. Wenn Sie sich nach 10 Minuten immer noch danach sehnen, dann nehmen Sie es. Oder warten Sie weitere 10 Minuten, denn Sie haben es bereits getan und es gut überstanden. Indem Sie sich entscheiden, zu warten, entfernen Sie das "Sofort" aus der unmittelbaren Befriedigung – das fördert die Disziplin und verbessert die Entscheidungsfindung.

Ähnlich verhält es sich, wenn Sie mit etwas Produktivem aufhören wollen: machen Sie noch 10 Minuten weiter. Es ist derselbe Denkprozess, der auf eine andere Weise angewendet wird. Zehn Minuten sind nichts, also können Sie leicht so lange warten oder weitermachen. Und wenn Sie es einmal getan haben, ist es leicht, es zu wiederholen, nicht wahr? Mit anderen Worten: Sagen Sie sich jedes Mal, wenn Sie an eine Weggabelung kommen, „nur 10 Minuten mehr Willenskraft."

Dieser Trick funktioniert, weil Ihrem Gehirn wahrscheinlich keine überzeugende Ausrede einfällt, warum Sie etwas nicht 10 Minuten lang tun können. In diesem

Moment glauben wir vielleicht wirklich, dass eine Aufgabe völlig unmöglich ist. Uns zu zwingen, sie tatsächlich 10 Minuten lang zu tun, beweist, dass sie es nicht ist, und zeigt uns praktisch, dass sie wahrscheinlich nicht so schrecklich ist, wie wir sie uns vorgestellt haben. Ebenso, wenn es wirklich so unvermeidlich ist, einer Versuchung zu erliegen, dann können Sie es wahrscheinlich für 10 Minuten aufschieben. Aber nach 10 Minuten haben Sie etwas Interessantes getan – Sie haben sich selbst bewiesen, dass Sie die Befriedigung tatsächlich aufschieben können – und es auch gerade getan haben.

Ein weiterer Vorteil dieser Regel ist die gezielte Ausweitung von guten Gewohnheiten. Wenn Sie sich gezwungen haben, 10 Minuten lang etwas Produktives zu tun, werden Sie es vielleicht 15 oder sogar 20 Minuten länger tun. Beim nächsten Mal wird Ihre Toleranz so aufgebaut, dass Sie immuner gegen Versuchungen und Ablenkungen sind – beim nächsten Mal machen Sie vielleicht sechs oder sieben Minuten länger weiter.

Jedes Mal, wenn Sie sich abgelenkt fühlen, üben Sie einfach ein paar Minuten länger Willenskraft, und Sie werden bei jedem Mal immer besser durchhalten. Bei irgendeiner Iteration von „nur 10 Minuten mehr" werden Sie einen Punkt der Dynamik erreichen, und das ist oft genug, um Sie für Stunden zu tragen.

Wichtige Erkenntnisse:

- Ein Manifest ist nichts anderes als eine Reihe von Regeln, die wir jeden Tag befolgen. Wir mögen Regeln hassen, aber sie nehmen das Rätselraten aus unseren Tagen und geben uns Richtlinien, die wir befolgen können. Sie machen die Dinge schwarz und weiß, was hilfreich ist, um sie durchzuziehen, weil es einfach keine andere Wahl gibt – wir haben weniger Gelegenheit, Ausreden zu erfinden oder zu rationalisieren.
- Regel 1: Handeln Sie aus Faulheit? Wenn nicht, dann machen Sie weiter mit Ihrer Aufgabe. Wenn ja, ist das eine Charakterisierung, die Sie über sich selbst wollen?

- Regel 2: Übernehmen Sie nur maximal drei wichtige Aufgaben pro Tag. Unterscheiden Sie zwischen wichtigen Aufgaben, dringenden Aufgaben und einfacher Zeitverschwendung. Beginnen Sie mit der höchsten Priorität und arbeiten Sie die Liste anhand ihrer Wichtigkeit ab.
- Regel 3: Setzen Sie sich täglich Einschränkungen und Anforderungen. Diese halten Sie innerhalb der Grenzen dessen, was Sie tun müssen. Dies sind auch die Bausteine für gute Gewohnheiten.
- Regel 4: Manchmal verlieren wir aus den Augen, was wir erreichen wollen. Bekräftigen Sie daher Ihre Absichten, indem Sie Aussagen wie „Ich will", „Ich werde" und „Ich werde nicht" formulieren. Möglicherweise müssen Sie diese täglich neu lesen, um Ihre Absichten aufzufrischen.
- Regel 5: Versuchen Sie, in die Zukunft zu schauen, jeweils 10 Minuten, 10 Stunden und 10 Tage. Gefällt Ihnen, was Sie sehen, wenn Sie die Dinge im jetzigen Moment nicht durchziehen? Sind es die Kosten des zukünftigen Ichs wert? Wahrscheinlich nicht.

- Regel 6: Es sind nur 10 Minuten, richtig? Wenn Sie also aufhören wollen, machen Sie nur 10 Minuten weiter. Und wenn Sie warten müssen, sind es auch nur 10 Minuten. Achten Sie darauf, wie Sie sich fühlen, wenn 10 Minuten um sind – war das so schwer? Was ist mit weiteren 10 Minuten?

- Wenn es konsequent angewendet wird, strukturiert ein umfassendes Manifest unser Handeln und nimmt uns die kleinen Entscheidungen ab. Selbstbestimmte Regeln können ein Lebensretter sein, wenn wir auf eine Weggabelung stoßen und entscheiden müssen, ob wir unseren Plan durchziehen oder aufgeben.

Kapitel 4: Die Denkweise des Durchziehens

Durchhaltevermögen ist zu 100% mental. Es dreht sich alles um unsere Wahrnehmungen, unsere Gedanken, unsere Überzeugungen. Es erfordert eine kognitive Anstrengung, etwas durchzuziehen, besonders wenn man auf entmutigende Hindernisse trifft. Das beste Werkzeug, das wir haben, um uns bei all dem zu helfen? Die richtige Denkweise.

Was ist eine Denkweise? Eine Denkweise ist einfach eine bestimmte Art und Weise, Situationen und Probleme zu visualisieren und anzugehen. Eine Mentalität ist eine bestimmte Perspektive auf Daten, die wir aus der Welt um uns herum aufnehmen. Sie sind wie Filter – sie färben und formen, was wir sehen und bestimmen, wie wir die Dinge interpretieren. Bestimmte Denkweisen sind alles, was es braucht, um den Willen und die Motivation zu finden, etwas durchzuziehen.

Gerald ist ein Beispiel für jemanden mit einer Mentalität, die seinen Fortschritt behindert hat. Gerald hatte viele Bestrebungen, sein eigenes Unternehmen zu gründen. Er war entschlossen im Geiste und genoss die Vorstellung, eines Tages ein bekannter und reicher Unternehmer wie Steve Jobs zu sein. Er wusste zwar, dass Erfolg nicht etwas Einfaches ist, das jeder ergreifen kann, aber er erkannte nicht, dass Erfolg manchmal auch unbequeme Situationen erfordert.

Als er sich tatsächlich bemühte, sein eigenes Unternehmen zu gründen, stieß er auf eine Menge Situationen, die ihm Angst machten. Zum Beispiel musste er eine Geldinvestition tätigen und der Gedanke, dass er sein Geld verlieren und nie wieder zurückbekommen könnte, machte ihm Angst. Diese Angst bereitete Gerald Unbehagen. Außerdem verabscheute er die

Idee, dass er sein Geld sparen und unnötige Ausgaben und Luxusgüter streichen musste, um mehr Geld für sein Start-up zu haben. Ohne den gewohnten Luxus zu leben, war ihm ebenfalls unangenehm – so sehr, dass er damit nicht umgehen konnte.

Anstatt sich auf unangenehme Situationen einzustellen und neue Dinge anzunehmen, die ihm Angst machten, flippte Gerald aus. Er beschloss, dass der Lebensstil eines Unternehmers es nicht wert war. Er mochte die Idee, war aber nicht auf die Realität vorbereitet. Als er herausfand, dass die Gründung eines neuen Unternehmens nicht nur Sonnenschein und Regenbogen ist, gab er auf. Anstatt seine Traumfirma zu gründen und die Chance zu haben, der nächste Steve Jobs zu werden, ließ sich Gerald wieder in dem Job nieder, den er hasste, der aber angenehm war. Er hat es nie zu viel gebracht und seine Träume nie erreicht.

Geralds Problem liegt nicht so sehr im Handeln, sondern in der Wahrnehmung und Einstellung. Geralds Denkweise war, gelinde gesagt, negativ. Er weigerte sich, sich mit Unannehmlichkeiten auseinanderzusetzen oder Opfer für seine Traumkarriere zu bringen. Er zog das Bekannte dem Unbekannten vor, auch wenn das Bekannte ihn nicht so sehr befriedigte, wie es sein Traum getan hätte. Diese Denkweise brachte ihn dazu, die Situation von dem Standpunkt aus anzugehen, dass alles schlecht sei und es sich nicht lohnt. Er konzentrierte sich auf das Negative und das Unbehagen und weigerte sich, es zu umgehen.

Gerald hätte sein Ziel vielleicht erreicht, wenn er eine andere Denkweise gehabt hätte. Aber seine Ansammlung von schlechten und unflexiblen mentalen Gewohnheiten führte dazu, dass er Probleme falsch anging, was ihm keine Hoffnung auf Erfolg ließ. Er ließ sich selbst scheitern, indem er Probleme auf die falsche Weise anging und schließlich aufgab.

Hätte er sich entschieden, sich mit dem Unbehagen anzufreunden, hätte er niemals aufgegeben, nur weil es an einem Punkt schwierig wurde. Er hätte sich an die Unbequemlichkeit gewöhnen können, Opfer zu bringen und unbekannte, beängstigende

Situationen anzugehen, was ihn besser in die Lage versetzt hätte, sein Unternehmen zu gründen und Unternehmer zu werden.

Tatsächlich kann Gerald später einige Gleichgesinnte sehen, die wirklich Erfolg haben, obwohl sie scheinbar mit weniger angefangen haben als er selbst. Sie investieren weniger Geld, haben mehr zu verlieren und verfügen (so denkt er zumindest) über weniger Talent und Fähigkeiten. Die Wahrheit ist, dass der Unterschied zwischen ihm und seinen erfolgreichen Mitstreitern nicht nur auf Glück, Intelligenz oder die richtigen Entscheidungen zurückzuführen ist. Vielmehr beginnt es mit der Denkweise. Die Denkweise kann den Unterschied ausmachen.

Denkweise 1: Es lohnt sich

Das Chicago Consortium on School Reform (zusammen mit vielen anderen Bildungsexperten) verrät, was Schüler dazu motiviert durchzuhalten, auch wenn es in der Schule schwierig wird. Drei Konzepte tragen zum Erfolg der Schüler bei, die leicht auf unser Erwachsenenleben übertragbar sind.

Das erste Konzept ist das Festhalten an der Überzeugung, dass harte Arbeit zu einer Verbesserung führen kann und wird. Egal, wie schwer die Dinge werden, Sie müssen wissen, dass es Ihre Bemühungen sind, die Sie zu den gewünschten Ergebnissen führen werden, nichts anderes. Alles andere ist ein Nebenprodukt des Glücks – harte Arbeit selbst ist eine Voraussetzung. Natürlich überwindet harte Arbeit nicht alles, aber sie ist ein wesentlicher Bestandteil, der nicht übersprungen werden darf.

Das zweite Konzept besteht darin, das Vertrauen zu haben, dass Sie und Menschen wie Sie in die Schule gehören und dass die Schule ein Ort ist, an dem Sie sich entfalten können. Sie können dies auch auf Situationen außerhalb der Schule anwenden.

Der Kern dieses Konzepts ist, dass Sie an sich selbst glauben und dass Sie genauso gut sind wie alle anderen. Das bedeutet, dass Sie an den Unternehmertisch gehören, oder auch zu den anderen Künstlern, Romanautoren oder Bäckern. Im Grunde genommen müssen Sie an Ihre eigenen Fähigkeiten glauben und auf Ihre Möglichkeiten vertrauen. Schaffen Sie keine Glaubenssätze, die Sie zurückhalten, wie z. B. zu denken, dass Sie nicht so gut sind wie alle anderen. Dieser Glaube zeigt sich darin, dass Sie das Gefühl haben, dass auch *Sie* bei einem Geschäftstreffen einen wertvollen Beitrag leisten können oder dass Sie genauso gut mit einem Kunden umgehen können wie *alle anderen* im Büro.

Das letzte Konzept ist die Überzeugung, dass das, was Sie tun, wertvoll und relevant für Ihre Ziele ist. Warum sollten Sie bei etwas bleiben, wenn Sie nicht sehen, wie es Ihnen nützt oder Ihnen hilft, Ihre Ziele zu erreichen? Das würde ganze Kapitel dieses Buches untergraben.

Wenn Sie verstehen, warum Sie etwas tun und wie es in das Gesamtbild dessen passt, was Sie zu erreichen versuchen, erscheint es lohnenswerter. Sie werden ein Vorhaben nicht aufgeben wollen, wenn Sie glauben, dass es Sie weiterbringt. Sie müssen nicht einmal sofortige Befriedigung und Zielerfüllung sehen, um zu wissen, dass Sie auf dem richtigen Weg sind. Es ist sehr wichtig, dass Sie jeder Sache, die Sie tun, einen Wert beimessen und sich daran erinnern, wie sie mit Ihrem Hauptziel zusammenhängt. Dies hilft Ihnen das Gefühl zu haben, dass Sie etwas Gutes tun, nur weil Sie arbeiten.

Alles, was Sie tun, hat einen Sinn, so dass jede Aktion, die Sie unternehmen, wertvoll ist. Ein Beispiel für dieses Konzept wäre, wenn Sie das Gefühl haben, dass die Kurse, die Sie für Ihren Abschluss belegen, sinnlos sind. Denken Sie daran, dass sie nicht sinnlos sind, weil sie zu Ihrem Abschluss führen, der wiederum zu Ihrem Traumjob in dem Bereich Ihres Interesses führen wird.

Diese Konzepte können Ihnen helfen, weil sie Ihrer Arbeit Wert und Bedeutung verleihen, und sie können Ihnen das Gefühl geben, dass Sie etwas bewirken, indem Sie einfach weitermachen und die Arbeit ausführen. Mit einer Denkweise, die Ihren Einsatz als wertvoll, natürlich und wünschenswert ansieht, ist es einfacher, das durchzuziehen, was getan werden muss.

Denkweise 2: Komfort mit Unbehagen

Eine weitere kritische Einstellung ist die Überzeugung, dass Ihr Weg zum Erfolg manchmal äußerst unbequem sein wird, also müssen Sie sich mit dem Unbehagen anfreunden. Etwas durchzuziehen ist nicht immer angenehm. Es verlangt von Ihnen Dinge zu tun, die ungewohnt und neu sind. Um erfolgreich zu sein und niemals aufzugeben, müssen Sie die negativen Folgen unangenehmer Situationen minimieren, indem Sie sich gegen das Gefühl des Unbehagens immunisieren.

Manchmal haben Sie das Bedürfnis, aus Unbehagen etwas zu vermeiden, das zum Erfolg führen würde. Vielleicht vermeiden Sie zusätzliche Arbeit, weil Sie müde sind, oder Sie vermeiden es, mit neuen Leuten zu sprechen, weil es Sie nervös macht. Sie schließen den Erfolg aktiv aus, weil Sie vermeiden wollen, sich für eine Weile unwohl zu fühlen.

Deshalb ist es wichtig, Ihren Instinkt zu überwinden, Dinge zu vermeiden, nur weil sie Ihnen zunächst unangenehm sind. Veränderung ist immer unangenehm, aber sie ist der Schlüssel, um die magische Formel für den Erfolg zu finden.

Versuchen Sie, neue Dinge außerhalb Ihrer Komfortzone zu tun. Machen Sie etwas Neues, versuchen Sie, neue Fähigkeiten zu erlernen, sprechen Sie mit neuen Leuten und üben Sie neue Handlungen, in denen Sie schlecht sind, bis Sie gut darin werden. Setzen Sie sich mit neuen Situationen und Dingen auseinander. Die Ungewohntheit wird sich sehr unangenehm anfühlen, aber anders werden Sie Ihren Horizont nicht erweitern und keinen Erfolg erzielen können.

Ihr Gehirn wird Ihnen sagen wollen, dass das Gefühl des Unbehagens ein Beweis dafür ist, dass Sie etwas falsch machen; dass Sie sich am falschen Ort befinden und dass Sie sofort damit aufhören sollten. Aber wenn Sie vorbereitet sind, *erwarten* Sie Unbehagen. Es ist einfach keine große Sache. Sie sehen es nicht als unerträglich an, sondern als einen völlig normalen Teil des Prozesses. Sie erkennen Unbehagen an, ja, aber Sie akzeptieren es nie als Grund, um aufzugeben.

Je mehr Sie Dinge tun, die Ihnen Unbehagen bereiten, desto mehr gewöhnen Sie sich daran. Sie werden feststellen, dass Unbehagen ein vorübergehendes Gefühl ist, das verschwindet, wenn Sie sich der Situation aussetzen. Die Vorteile des Unbehagens überwiegen bei weitem die leichte und flüchtige Unannehmlichkeit.

Ihr Verstand wird aufhören, Unbehagen so sehr zu fürchten, wenn er erkennt, dass es Sie nicht wirklich verletzt. Außerdem werden Sie sich selbst beweisen, dass ein bisschen Angst Sie nicht wirklich umbringt und dass Sie stärker sind, als Sie denken.

In seiner Komfortzone zu bleiben, indem man nur das tut, was man kennt, ist eine schlechte Idee. Es ist das Rezept für Selbstgefälligkeit und für statisches Verharren. Sie werden keine Änderungen vornehmen, wenn Sie das tun, was Sie immer tun – und tief im Inneren werden Sie vielleicht eine sehr niedrige Meinung von sich selbst kultivieren, weil Sie wissen, wie oft Sie vor Herausforderungen zurückgeschreckt sind.

Geben Sie niemals etwas auf, nur weil es eine Veränderung und Unannehmlichkeiten mit sich bringt. Veränderung bedeutet Neuheit, und Neuheit kann beängstigend oder schwierig sein. Daran führt kein Weg vorbei. Unbehagen ist lediglich Ihr

Angstinstinkt und tut Ihnen nicht wirklich weh, also ist es eine gute Idee, sich damit vertraut zu machen.

Sie können sich dafür entscheiden, zu Hause zu bleiben und keine neuen Leute kennenzulernen, oder Sie können sich dafür entscheiden, auszugehen und wertvolle Kontakte zu knüpfen, die Ihnen helfen werden, Ihre Ziele zu erreichen. Sie können sich dafür entscheiden, nie eine neue Sprache zu lernen, oder Sie können sich dafür entscheiden, sie zu lernen und eine Fülle von neuen Geschäftsmöglichkeiten zu finden, wie z. B. Jobs im Ausland oder gut bezahlte Positionen im Bereich der Übersetzung.

Indem Sie immer wieder zu Sprachkursen gehen und mit neuen Leuten sprechen, werden Sie auf das Gefühl konditioniert, aus Ihrer Komfortzone herauszugehen. So werden Sie sich daran gewöhnen, sich manchmal unwohl zu fühlen. Dann werden Sie aufhören, sich vor Unbehagen zu fürchten, und Sie werden sich für einige positive Veränderungen in Ihrem Leben öffnen. Treiben Sie sich einfach jeden Tag konsequent an und probieren Sie neue Dinge aus, um die Grenzen Ihrer

Komfortzone zu erweitern und Ihr Leben zu dem zu machen, wovon Sie träumen.

Denkweise 3: Lernen zulassen

Diese Denkweise beinhaltet die Entwicklung des Standpunkts, dass das Verfolgen und Beenden gleichbedeutend mit Lernen und Selbstbewertung ist. Sie testen und bewerten sich im Wesentlichen selbst auf der Grundlage Ihres Fortschritts. Aufgeben ist automatisch ein Misserfolg.

Wenn Sie hingegen etwas zu Ende bringen, haben Sie automatisch die Prüfung bestanden. Sie sehen, wie Sie abschneiden und können Ihre Leistung bewerten – das allein ist schon unglaublich wertvoll. Sie gewinnen auch eine Menge wichtiger Fähigkeiten und Informationen, die Ihren Erfolg formen können und Sie in die Lage versetzen, es im Falle eines Scheiterns noch einmal mit besserem Erfolg zu versuchen.

Bestimmte Dinge lernt man nur, wenn man sie bis zum Ende durchzieht. Sie sind ständig auf der Suche nach Informationen und Wissen, das Sie nur gewinnen können, wenn Sie ein Projekt in seiner Gesamtheit abschließen. Wissen ist Macht, und Wissen über sich selbst ist besonders wertvoll!

Sonst bekommt man nicht den vollen Einblick, wie die Dinge funktionieren. Man lernt, was es braucht, um etwas zu Ende zu bringen, und was in einem steckt, wenn man es durchzieht. Wenn Sie es nicht durchziehen, dann lernen Sie nicht alles, und Sie lernen nichts über sich selbst, außer dass Sie faul oder ängstlich oder ein Versager sind.

Sie können sich auch selbst lehren, was nicht funktioniert. Wenn Sie es bis zum Ende durchziehen und trotzdem keinen Erfolg haben, können Sie Ihre Arbeit auswerten und sehen, wo Sie etwas falsch gemacht haben. Mit anderen Worten: Scheitern ist eigentlich ein sehr wertvolles Datenmaterial, weil es als Erfahrung umgedeutet werden kann. Das bedeutet, dass Sie dieses Problem in der Zukunft vermeiden und erfolgreicher werden können. Betrachten Sie das Leben als eine Reihe von Lektionen, die Sie für zukünftige Verbesserungen nutzen können, und Sie werden nicht nur keine Angst vor dem Scheitern haben, sondern im Falle eines

Scheiterns auch genau wissen, was zu tun ist.

Wenn Sie Ihre Unternehmungen als Streben nach Wissen betrachten, können Herausforderungen weniger beängstigend erscheinen. Es nimmt die Angst vor dem Scheitern, denn egal, was passiert, Sie gewinnen trotzdem an Wissen. Wenn Sie die Dinge auf diese Weise als Gewinn betrachten, besteht es so viel weniger Druck.

Sie werden weniger geneigt sein, einfach aufzugeben, wenn Sie mit einer Herausforderung konfrontiert werden, weil Sie stattdessen lernen wollen, wie Sie die Herausforderung umgehen können. Sie wollen tatsächlich sehen, was passiert, wenn Sie etwas versuchen, um die Herausforderung zu überwinden. Statt aus Angst handeln Sie also aus Neugierde. Sie werden keine Erkenntnisse gewinnen, wenn Sie es nicht durchziehen, also müssen Sie die Einstellung haben, furchtloser über Herausforderungen zu springen.

Eine Möglichkeit, sich diese Denkweise anzueignen, ist, sich zu fragen: „Was kann ich daraus lernen?" Das erzeugt einen

Wissensdurst, der unendlich viel motivierender sein kann als jede andere Denkweise. Sie werden neugierig und wollen sehen, wie die Ziellinie aussieht. Sie wollen die Erfahrung sammeln, die Ihnen Ihr Vorhaben geben kann, also ziehen Sie es durch, um diese Erfahrung zu machen.

Darüber hinaus lenkt die Frage, was Sie lernen können, Ihre Aufmerksamkeit von dem ab, was Sie verlieren können, oder von all den Dingen, die schief gehen könnten. Es versetzt Sie in eine positivere Denkweise, in der Sie sich auf neue Ergebnisse freuen, anstatt sie zu fürchten. Es ist eine subtile Veränderung, die in Wirklichkeit einen enormen Unterschied macht, wie Sie sich in der Welt bewegen.

Denkweise 4: Stress beseitigen

Stress beeinflusst, wie viel Willenskraft und Selbstbeherrschung Sie haben. Sie sind sich dessen vielleicht nicht bewusst, aber denken Sie daran, wie wenig Sie erledigen können, wenn Sie gestresst oder ängstlich sind. Noch mehr, wenn Sie einfach nur müde und erschöpft sind. Gestresst zu sein ist wie ein Überlebensmodus – und in diesem Zustand hat die Angst immer einen größeren Einfluss auf uns. Ihr Arbeitsgeist ist empfindlicher, als Sie sich vorstellen können, deshalb ist es wichtig, ihn zu schützen und *Stress abzubauen.*

Eine australische Studie zeigte, dass Studenten, die wegen ihrer Prüfungen gestresst waren, gesunde Gewohnheiten wie die richtige Ernährung, ausreichend Schlaf und Sport vernachlässigten. Sie rauchten mehr, konsumierten mehr Koffein, hatten Schwierigkeiten, ihre Emotionen zu kontrollieren und achteten weniger auf Hausarbeiten, die eigene Gesundheit, Verpflichtungen und Ausgaben.

Daraus lässt sich leicht schließen: Wenn Sie sich nicht um Ihre geistige Gesundheit kümmern, lassen Ihre Disziplin und Willenskraft schnell nach. Verhindern Sie diese Situation, indem Sie stressreduzierende Gewohnheiten in Ihr Leben einführen. Verbringen Sie jeden Tag mindestens 30 Minuten mit entspannenden Aktivitäten. Treffen Sie sich mit Freunden. Lesen Sie ein Buch. Hören Sie Musik. Meditieren Sie. Trainieren Sie. Kuscheln Sie. Machen Sie einen Spaziergang im Wald. Was auch immer für Sie funktioniert, um zu entspannen und Ihr Gehirn abzuschalten.

Es ist wichtig, sich zu entspannen, und sich insgesamt Ihres *Affekts* bewusst zu sein – der psychologische Begriff für die Emotionen, die Sie empfinden, und Ihr allgemeines Temperament.

Warum? Weil *negativer Affekt* einer der wichtigsten Auslöser für das Versagen der Selbstkontrolle ist. Depressive Menschen wünschen sich z. B. bestimmte Dinge, die sofortige Befriedigung bringen, und prokrastinieren oder vermeiden jede Aktivität, die mit Anstrengung verbunden ist. In ihrem Gemütszustand können sie nur daran denken, sich selbst besser zu fühlen, und wenn das bedeutet, dass sie ihre Selbstfürsorge vernachlässigen oder wichtige Projekte aufgeben müssen, dann soll es so sein. Emotionale Not verursacht eine Verhaltensverschiebung in Richtung sofortiger Stimmungsverbesserung, und so treffen Menschen schlechte Entscheidungen, die sich auf Befriedigung im Hier und Jetzt konzentrieren – auf Kosten zukünftiger Ziele. Dies wird noch schlimmer, wenn Sie erkennen, dass die *Projektionsverzerrung* jeden Tag auftritt, ohne dass wir uns dessen bewusst sind.

Projektionsverzerrung bedeutet, dass Menschen ihre *aktuellen* Gefühle fälschlicherweise auf ihre *zukünftigen* Gefühle projizieren. Wenn Sie sich deprimiert, gestresst und müde fühlen, stellen Sie sich vor, dass Sie sich das nächste Mal so fühlen werden, wenn Sie etwas durchziehen und beenden wollen. Wenn Sie sich in diesem Moment nicht für Ihre Ziele begeistern können, haben Sie Schwierigkeiten, sich vorzustellen, dass Sie sich in der Zukunft *jemals* für sie begeistern werden, und handeln entsprechend. Natürlich gibt es keine Korrelation, aber die Menschen übersehen regelmäßig, dass hinter diesen Gefühlen kein fester Zusammenhang steht.

Zum Beispiel verurteilen Menschen Junk Food, wenn sie nicht hungrig sind, ohne zu merken, wie sehr sie diese leckeren Kekse wollen, sobald sie hungrig sind. Wenn Sie Ihre Diät planen, sind Sie wahrscheinlich ruhig und in der Stimmung, drastische Änderungen vorzunehmen. Sie können Projektionsverzerrungen auch als übermäßige Begeisterung dafür sehen, dass Ihre aktuellen Gefühle so sind, wie Sie *für immer* über etwas empfinden werden.

Fazit? Unterschätzen Sie nicht die Auswirkungen von Stress auf Ihre Fähigkeit, etwas durchzuziehen. Machen Sie es sich leichter; ein ruhiger und entspannter Geist wird immer stärker, widerstandsfähiger und disziplinierter sein. Paradoxerweise ist Stressabbau also eine Angewohnheit, die Sie auf lange Sicht zu einem disziplinierteren Menschen machen kann.

Wichtige Erkenntnisse:

- Durchhaltevermögen ist zu 100% mental, was bedeutet, dass es wahrscheinlich eine gute Idee ist, über die Denkweisen zu sprechen, die Sie zu verkörpern versuchen. Eine Denkweise ist eine Perspektive auf die Welt und eine Art, Ereignisse zu interpretieren. Ihre Denkweise beeinflusst, wie Sie die Dinge sehen, wie Sie denken und wie Sie sich verhalten.
- Denkweise 1: Dies ist der Glaube, dass sich alles lohnt, dass Ihre Bemühungen wertvoll sind und im großen Ganzen von Bedeutung sind. Wenn Sie das Gefühl haben, dass Ihre harte Arbeit Sie

irgendwohin bringt, dass Sie dazugehören und genauso gut sind wie alle anderen, und dass Sie die Auswirkungen auf Ihre Gesamtziele spüren, ist es einfacher, am Ball zu bleiben. Es ist immer einfacher, die Motivation aufrechtzuerhalten, wenn diese Bedingungen erfüllt sind.

- Denkweise 2: Gewöhnen Sie sich an Unbehagen. Bei Veränderungen ist Unbehagen unvermeidlich. Alles, was Sie tun wollen, wird Elemente an Unannehmlichkeiten haben, es sei denn, Sie wollen einfach den ganzen Tag allein fernsehen. Wenn Sie sich also an dieses Gefühl gewöhnen, können Sie das, was Sie wollen, ohne Angst in Angriff nehmen. Wenn Sie lernen, Unbehagen zu erwarten, lassen Sie nicht zu, dass es Ihre Pläne entgleisen lässt. Sie erkennen es an, aber es wird nie als Grund zum Aufgeben gesehen.

- Denkweise 3: Ohne durchzuhalten, werden Sie nicht lernen. Nur wenn Sie etwas beenden, können Sie sich selbst bewerten und Ihre Fehler korrigieren. Verinnerlichen Sie eine Denkweise, die Informationen sammelt. Scheitern ist nichts Schlechtes – es bietet Ihnen wertvolle Daten, die Ihnen mit der richtigen Einstellung helfen können, zu wachsen und sich weiterzuentwickeln.

- Denkweise 4: Die schädliche Auswirkung von Stress und Angst kann nicht stark genug betont werden. Stress steigert die Angstreaktion und fokussiert Sie auf potenziell schlechte Entscheidungen im Hier und Jetzt. Sogar schlechte Laune ist gefährlich für Ihre Produktivität und Ihr Durchsetzungsvermögen. Seien Sie sich dessen bewusst und ergreifen Sie proaktive Maßnahmen, um Ihren Stresspegel zu regulieren. Senken Sie den Cortisolspiegel und leben Sie ein ausgeglichenes Leben – der Nebeneffekt ist, dass Sie im Ruhezustand auf lange Sicht sogar produktiver sein können.

Kapitel 5: Die Wissenschaft der Überwindung der Prokrastination

Prokrastination ist ein großes Problem beim Durchziehen. Wie können Sie es effektiv angehen?

Madeleine hat bald ein großes Projekt vor sich. Ihr Abgabetermin ist in einer Woche. Sie weiß, dass sie, um diese Frist einzuhalten, 15 Seiten Code pro Tag fertigstellen muss. Aber wenn es darauf ankommt, kann sie einfach nicht arbeiten. Also schiebt sie es vor sich her und plant, am nächsten Tag 30 Seiten zu schreiben, um den verlorenen Fortschritt wieder aufzuholen. Dann kann sie keine 30 Seiten schreiben, also schiebt sie es auf und muss nun 45 Seiten schreiben. Jetzt steht sie kurz vor dem Abgabetermin und hat fast keinen Code geschrieben, und ihr Stresspegel geht durch die Decke.

Sie arbeitet die ganze Nacht durch und reicht einen fehlerhaften Code ein. Sie fühlt sich schrecklich. Sie ist auf viele Probleme mit diesem Code gestoßen, für deren Lösung sie keine Zeit hatte, weil sie zu sehr im Rückstand mit der Arbeit war. Der Kunde lehnt den Code ab und ist unzufrieden. Madeleine hat sich gerade eine schlechte Bewertung eingeholt und einen Kunden verloren. Das Schlimmste ist, dass die Aufgabe eigentlich gar nicht so schwierig war, und Madeleine weiß tief im Inneren, dass sie es leicht hätte besser machen können.

Michelle arbeitet an denselben Arten von Projekten. Im Gegensatz zu Madeleine versteht Michelle, was ihre Herausforderungen sein könnten. Sie zerlegt die Arbeit in kleine, überschaubare Teile und schreibt jeden Tag, was sie kann, und belohnt sich im Nachhinein für jeden Abschnitt, den sie abschließt.

In der Regel kann sie die Mindestquote von 15 Seiten, die sie sich selbst gesetzt hat, erfüllen oder gar übertreffen. Am Ende der Woche kompiliert sie den Code ohne Fehler und schickt ihn an ihren Kunden. Er ist sehr glücklich, einen funktionierenden Code zu haben, der gut läuft, und er bezahlt sie gut. Sie erhält eine Fünf-Sterne-Bewertung und der Kunde möchte sie gerne wieder für zukünftige Projekte buchen. Michelle erhält die Bestätigung, dass ihr Ansatz für sie gut funktioniert. Sie fühlt sich zufrieden, dass sie ihr Arbeitspensum gut bewältigt, und ist stolz auf ihre geleistete Arbeit.

Stellen wir uns vor, dass diese beiden Frauen gleich talentiert und intelligent sind. Der Unterschied zwischen diesen beiden Programmiererinnen besteht darin, dass Michelle bei ihrem Projekt erfolgreich war, weil sie nichts aufgeschoben hat. Sie benutzte ein System namens „Temptation Bundling", um sicherzustellen, dass sie die Arbeit nicht aufschob. Das gab ihr reichlich Zeit, nicht nur Code zu schreiben, sondern auch Fehler zu finden und vor der Deadline zu beheben. Madeleine nutzte diese Voraussicht nicht, so dass sie Arbeit von schlechter Qualität produzierte. Sie können sehen, wie Prokrastination zu starkem Stress, Frustration und schlampiger Arbeit führt.

Ein weiterer Nachteil der Prokrastination bleibt oft unerwähnt: Selbst wenn es Madeleine gelungen ist, unter dem Druck angemessenen Code zu produzieren, könnte sie mit dem nagenden Gefühl zurückbleiben, dass sie es besser hätte machen können. Selbst nachdem die Deadline verstrichen ist, könnte sie immer noch zu dem Schluss kommen, dass sie vielleicht doch keine so gute Coderin war. Sie könnte ihrem Gehirn unterbewusst beibringen, dass diese Aufgabe in der Tat jenseits ihrer Fähigkeiten liegt. Vielleicht sagt sie sich beim nächsten Mal, wenn eine ähnliche Aufgabe ansteht, unbewusst, dass sie es nicht wirklich schaffen kann – warum sonst fiel es ihr beim letzten Mal so schwer?

Wir alle wissen, was Prokrastination ist. Aber warum ist es ein so häufiges Problem bei Menschen, die versuchen, Termine einzuhalten und qualitativ hochwertige Arbeit zu erledigen? Es gibt einige Antworten, die von der Verhaltenspsychologie abgedeckt werden.

Die Hauptkomponente dieser selbstzerstörerischen Angewohnheit wird als *Zeitinkonsistenz* bezeichnet. Dies ist der Punkt, an dem Menschen sofortige und unmittelbare Befriedigung gegenüber langfristigen Belohnungen schätzen.

Stellen Sie sich vor, dass Sie zwei Ichs haben, ein gegenwärtiges und ein zukünftiges Ich. In diesem Fall handelt es sich um völlig unterschiedliche Personen mit unterschiedlichen Wünschen, die sich nicht überschneiden. Wenn Sie sich Ziele setzen, machen Sie Pläne für Ihr zukünftiges Selbst. Es ist einfach, das zu planen, was für Ihr zukünftiges Selbst am besten ist. Sie können sehen, was Sie in der Zukunft brauchen und wollen, also planen Sie dafür. Forscher haben herausgefunden, dass es ganz einfach ist, sich Ihre ideale zukünftige Realität vorzustellen. Sie können sehen, warum – es ist alles abstrakt.

Allerdings kann nur Ihr gegenwärtiges Selbst tatsächlich etwas *tun*. Um Ziele zu verwirklichen, muss Ihr gegenwärtiges Selbst handeln. Genau hier, genau jetzt. Wenn Sie sich die Zukunft vorstellen, ist die

Belohnung bereits erreicht, und Sie fühlen sich bereits gut dabei. Aber wenn Sie in die Gegenwart zurückkehren, sind Sie nur Ihr altes Selbst, wie Sie es immer waren, und das Einzige, was Sie sehen, ist all die Arbeit, die noch getan werden muss.

Leider wünscht sich Ihr gegenwärtiges Selbst *jetzt* Belohnungen. Es will nicht warten, um die Ergebnisse in der Zukunft zu sehen. Wenn wir uns doch nur ein Ziel vorstellen könnten und es sofort hätten, oder? Also will es vermeiden, für langfristige Ziele zu arbeiten und bevorzugt stattdessen Aufgaben, die Sie jetzt belohnen. Ihr Gehirn sieht sich eine riesige Belohnung an, die zum Beispiel erst in 5 Jahren (oder vielleicht gar nicht) eintritt, und vergleicht sie mit all den kleinen, aber garantierten Belohnungen, die nur Sekunden entfernt sind.

Ein Beispiel: Sie wollen ein großes Projekt fertigstellen, um Geld zu verdienen, aber Sie brauchen dringend ein Nickerchen. Sie werden das Nickerchen der Arbeit vorziehen, weil das eine sofortige Belohnung für Ihr gegenwärtiges Ich ist. In der Zwischenzeit schaden Sie Ihrem zukünftigen Selbst, indem Sie ein Nickerchen machen, anstatt zu arbeiten.

Ihr zukünftiges Ich will Ziele, die sich irgendwann in der Zukunft auszahlen, nachdem es in der Gegenwart gearbeitet hat. Das gegenwärtige Ich will Belohnungen, die sich jetzt auszahlen, was wiederum oft Ihre Chancen beeinträchtigt, Ihrem zukünftigen Ich seine langfristigen Belohnungen zu verschaffen. Wenn diese beiden gegeneinander antreten, gewinnt leider das gegenwärtige Selbst.

Der beste Weg, der Zeitinkonsistenz entgegenzuwirken, besteht darin, zukünftige langfristige Belohnungen effektiver in die Gegenwart zu verschieben. Auf diese Weise sieht Ihr gegenwärtiges Ich den Nutzen und möchte sich an das langfristige Programm halten. Das Warten auf eine zukünftige Belohnung reicht oft nicht aus, um Ihr gegenwärtiges Selbst zu motivieren, weil Ihr gegenwärtiges Selbst nicht warten will.

Temptation Bundling

Das Konzept der „Temptation Bundling" ist ein ausgezeichneter und effizienter Weg, um Prokrastination zu bekämpfen und die Produktivität zu steigern, indem man das gegenwärtige und das zukünftige Selbst und deren widersprüchliche Bedürfnisse kombiniert.

Hier wird das obige Konzept aufgegriffen und Maßnahmen ergriffen, um die Versuchung zu reduzieren, das zukünftige Selbst im gegenwärtigen Moment zu vernachlässigen. Temptation Bundling wurde von der Verhaltensforscherin Katy Milkman an der Universität von Pennsylvania entwickelt und ist eine Möglichkeit, die Bedürfnisse des zukünftigen und des gegenwärtigen Selbst zu vereinen, indem man zukünftige Belohnungen unmittelbarer verfügbar macht. Sie geben sich selbst sofortige Befriedigung in der Gegenwart, während Sie gleichzeitig Ziele erreichen, die Ihrem zukünftigen Selbst langfristig zugutekommen.

Es ist einfacher als es klingt.

Im Grunde genommen finden Sie einen Weg, damit sich ein positives (aber schwieriges) Verhalten oder eine Gewohnheit auf lange Sicht auch im gegenwärtigen Moment gut anfühlt. Denken Sie an M&Ms essen, während Sie trainieren; zu trainieren, während Sie fernsehen, oder zu arbeiten, während Sie Ihre Füße in einem Salzbad einweichen – das sind Beispiele für Möglichkeiten, wie sich das Langzeitverhalten im gegenwärtigen Moment gut anfühlt.

Es gibt keinen Grund, in der Gegenwart zu leiden, um etwas für Ihr zukünftiges Ich zu erledigen; wenn Sie leiden, dann werden Sie jegliche Motivation verlieren und prokrastinieren oder bestenfalls Ihre Willenskraft stark aufbrauchen. Finden Sie also Wege, Ihre Verlockungen mit Ihren langfristigen Zielen zu bündeln. Mit anderen Worten: Verbinden Sie Ihre Verpflichtungen mit sofortigen Belohnungen.

Milkman fand heraus, dass bis zu 51% ihrer Studienteilnehmer bereit waren, mit Temptation Bundling zu trainieren. Es ist ein effektives Mittel, um die Gewohnheit der Prokrastination zu korrigieren. Sie sollten eine Liste mit zwei Spalten erstellen, wobei die eine Seite Ihre Schwachstellen oder Versuchungen darstellt und die andere Seite die Dinge sind, die Sie für Ihr zukünftiges Ich tun müssen. Finden Sie dann kreative Wege, um die beiden gegensätzlichen Spalten in Harmonie zu verbinden.

Im Endeffekt finden Sie einen Kompromiss und befriedigen sowohl Ihr gegenwärtiges als auch Ihr zukünftiges Ich. Angenommen, Sie mögen Schokolade, Surfen, Fußball und Joggen. Aber Arbeit, Hausaufgaben und Klavierunterricht stehen Ihnen im Weg. Wie könnten Sie die Dinge kombinieren, um das Unangenehme erträglicher zu machen?

Es sollte jedoch beachtet werden, dass dies mit Vorsicht zu tun ist, damit Sie sich am Ende nicht einfach selbst sabotieren. Fünf M&Ms, die während eines zehnminütigen Workouts gegessen werden, untergraben Ihr Ziel, fit zu werden. Versuchen Sie stattdessen, an die kleinste Belohnung zu denken, die sich noch befriedigend anfühlt, und verbinden Sie sie mit der größtmöglichen Aktion, die Sie für Ihr langfristiges Ziel unternehmen können.

Kleine, einfache Schritte

Eine weitere Möglichkeit, die Prokrastination einzudämmen, besteht darin, in kleinen, einfachen Schritten zu beginnen. Sie sollten Aufgaben wirklich in winzige, mikroskopisch kleine Bestandteile zerlegen. Das lässt den ersten Schritt unglaublich einfach erscheinen – und diesen ersten Schritt zu machen, ist der schwierigste Teil bei Prokrastination.

Stellen Sie sich Prokrastination als eine riesige Mauer vor, die Sie erklimmen müssen. Wenn Sie genug kleine Kieselsteine und Felsen sammeln, können Sie sich schließlich eine Stufe schaffen, die hoch genug ist, um einfach über die Mauer zu gehen. Sie können Felsbrocken in der Größe Ihres Oberkörpers sammeln, und Sie können das gleiche Ergebnis erzielen, aber es ist ein viel härterer Weg.

Stellen Sie einfach sicher, dass Ihre Einstiegshürden extrem niedrig sind. Sie können z. B. sogar 95% einer Aufgabe erledigen und die verbleibenden 5% als Starteraufgabe für später aufheben, so dass Sie leicht wieder in Schwung kommen können. Auf diese Weise wird die Trägheit durchbrochen und Sie gewinnen an Schwung. Sie gewinnen an Schwung, indem Sie arbeiten und Arbeit schaffen, auf der Sie später aufbauen können, wenn Sie die schwierigeren Teile des Projekts in Angriff nehmen.

Kleine und einfache Schritte beinhalten zwei wichtige Komponenten. Der erste besteht darin, Ihre Aufgaben in kleinere, überschaubare Teile zu zerlegen. Betrachten Sie Ihre Aufgabe nicht als einen riesigen Felsbrocken, den Sie auf einmal erledigen müssen. Betrachten Sie sie vielmehr als eine Reihe von Schritten, die Sie von Punkt A zu Punkt B führen. Ihr Verstand wird es Ihnen danken, da die Dinge plötzlich einfacher und machbarer erscheinen.

Wenn Sie mit der Vorstellung arbeiten müssen, dass Sie sich auf eine riesige, epische Mission begeben, fühlt sich die Arbeit enorm und überwältigend an. Wenn Sie aber jeden Tag nur den kleinen Schritt tun müssen, den Sie für sich selbst definiert haben, wird es überschaubarer – sogar leicht. Ein Beispiel dafür ist, Ihr Schreibprojekt als eine Reihe von Absätzen zu betrachten, die nur 100 Wörter lang sind. So einen winzigen Absatz können Sie leicht schreiben, oder?

Vielleicht müssen Sie am Ende 100 Seiten schreiben, aber sehen Sie es nicht als dieses. Denken Sie nicht über die 100 Seiten nach, sondern lediglich über die nächsten 100 Wörter. Wenn Sie mit denen fertig sind, dann können Sie wieder nach vorne schauen, aber im Moment konzentrieren Sie sich nur auf den winzigen nächsten Schritt.

Betrachten Sie es als Babyschritte mit kurzen Absätzen. Nachdem Sie eine gewisse Anzahl an Absätzen fertiggestellt haben, haben Sie Ihre 100 Seiten geschrieben. Kleine Aufgaben bauen sich schnell auf, vor allem, wenn Sie nicht prokrastinieren, also schaffen Sie winzige, geistig erträgliche Schritte, mit denen Sie etwas Momentum aufbauen und Ihr Endziel erreichen können. Ein Buch ist nur ein sehr großer Absatz, wirklich, und selbst diese Absätze bestehen schließlich nur aus einzelnen Wörtern.

Der zweite Teil besteht darin, mit den einfachsten Aufgaben zuerst zu beginnen. Dies mag kontraintuitiv erscheinen. Warum sollten Sie all die schwierigen Dinge für später aufheben? Denken Sie daran, dass es bei der Prokrastination darum geht, den ersten Schritt zu machen. Mit jeder leichten Aufgabe, die Sie von Ihrer To-Do-Liste abhaken, ermutigen Sie sich selbst und beweisen Ihrem Verstand, dass diese Aufgabe mehr als möglich ist. Wenn Sie dann zu den schwierigeren Aufgaben kommen, werden diese Ihrem Verstand erreichbarer und überwindbarer erscheinen, da Sie bereits eine Menge Arbeit geleistet haben.

Trägheit ist die Kraft, die sich aufbaut, wenn Sie im Ruhezustand sind. Auf der anderen Seite ist Schwung der Antrieb, sich weiter vorwärtszubewegen, bis Sie alles erledigt haben. Ihre Aufgabe ist es hier, die Trägheit zu durchbrechen und an Schwung zu gewinnen. Die Idee ist, dass Sie sich nicht schnell bewegen oder eine riesige Menge auf einmal erreichen müssen – Sie müssen nur anfangen und nicht aufhören. Das erreichen Sie mit kleinen und einfachen Schritten, die Sie schneller voranbringen.

Zurück zum Schreibbeispiel: Überlegen Sie, wie Sie die einfachen Teile, wie die Gliederung und die Recherchenotizen, erledigen können. Schreiben Sie zuerst die Teile, die den geringsten Aufwand erfordern. Erledigen Sie den größten Teil, die leichten und einfachen Dinge, die nicht schwer sind, aber viel Zeit in Anspruch nehmen. Wärmen Sie sich ein wenig auf und steigern Sie Ihr Selbstvertrauen.

Heben Sie sich die schwierigsten 5% des Schreibens für den Schluss auf, wenn Sie ausreichend Schwung haben. Zu diesem Zeitpunkt sind Sie wahrscheinlich schon motiviert genug, weil Sie so kurz vor dem Ziel stehen. Sie werden sich nicht so frustriert und überwältigt fühlen und daher diese Schreibaufgabe nicht als ein großes Opfer betrachten, das Ihr gegenwärtiges Ich belastet. Sie werden es schaffen und Ihrem gegenwärtigen Selbst eine gewisse Freude bereiten.

Berücksichtigen Sie Risiken

Eine letzte Taktik ist die Überlegung, was schief gehen könnte. Hypervigilant gegenüber dem zu sein, *was schief gehen könnte*, ist eine Taktik, die von sehr erfolgreichen und produktiven Menschen wie Bill Gates angewendet wird. Jim Collins erforscht diese Taktik in seinem Buch *Great By Choice*. Er nennt dies "*produktive Paranoia*" und beschreibt, wie Menschen wie Bill Gates ständig paranoid darüber waren, was schief gehen könnte.

Aber diese Paranoia ist keine nutzlose Angst, die ins Leere läuft – sie ist *produktiv*, das heißt, sie inspiriert zu Handlungen, die letztendlich zum Erfolg führen. Indem sie immer für das Schlimmste planten und versuchten, das Schlimmste zu vermeiden, arbeiteten diese Leute am Ende tatsächlich extrem hart. Sie waren immer auf ihre Projekte fokussiert, nur um die schlimmsten Szenarien zu vermeiden. Das Ergebnis war, dass die Angst sie motivierte und sie von der Prokrastination abhielt.

Seien Sie paranoid und beginnen Sie zu hinterfragen, was schief gehen könnte. So bleiben Sie in der Realität und konzentrieren sich auf reale Ergebnisse, nicht nur auf Hypothesen und Wunschdenken. Denken Sie darüber nach, Notfallpläne zu erstellen und daran zu arbeiten, bestimmte Herausforderungen oder Probleme zu vermeiden. Wenn Sie darüber nachdenken, was schief gehen kann, können Sie darauf hinarbeiten, dass die Dinge nicht schief gehen. Das Ergebnis ist, dass Sie produktiver werden, gerade weil Sie im Moment Angst haben und hypervigilant sind. Darüber hinaus gewinnen Sie ein umfassenderes Verständnis Ihres Prozesses, da Sie nicht nur die positiven Aspekte betrachten, sondern auch potenzielle negative Aspekte antizipieren und dagegen angehen.

Fragen Sie sich, was Sie verlieren könnten, wenn Sie eine Handlung hinauszögern. Die Gelegenheit könnte an jemanden gehen, der proaktiver ist. Ihre Gelegenheit könnte sogar einfach verschwinden, da viele Dinge zeitabhängig sind. Bedenken Sie, wie katastrophal das für Ihren Erfolg sein könnte. Die Angst, etwas zu verlieren, wird Sie motivieren.

Sicher, Angst ist kein angenehmer Motivator. Aber wenn sie funktioniert, warum sollte man sie nicht nutzen? Das Wissen, dass Sie in irgendeiner Form in Gefahr sind, treibt Sie in den Turbogang. Prokrastination stammt aus Langeweile, Selbstgefälligkeit und Sicherheit, also kann das Wegnehmen dieser Gefühle Sie paranoid und begierig darauf machen, schlechte Konsequenzen zu vermeiden. Seien wir ehrlich – niemand von uns lebt ewig, und manchmal bedeutet Untätigkeit tatsächlich, dass unsere Chancen an uns vorbeiziehen können.

Natürlich ist Angst kein lustiger Motivator, also verwenden Sie diese Taktik nur in kleinen, sicheren Dosen. Wenn Sie es zu oft tun, kann es Sie wirklich auslaugen und stressen. Wie wir alle wissen, ist Stress schädlich für Ihren Arbeitsgeist. Vermeiden Sie Stress und verwenden Sie diese Taktik nur, wenn Sie eine intensive Versuchung zum Prokrastinieren verspüren.

Unser Eingangsbeispiel von Madeleine hätte die Angst nutzen können, um ihr zu helfen, mögliche Fehler zu erkennen und sich so zu motivieren, ihren Code jeden Tag zu schreiben. Mit Hilfe der Angst hätte sie geplant, viel Spielraum in ihrem Zeitplan zu lassen, damit sie den Code ordnungsgemäß kompilieren und sicherstellen kann, dass keine Fehler beim Schreiben entstehen. Sie hätte mögliche Fehler vorausgesehen und jeden Tag gearbeitet, um sich Zeit zu geben, diese Fehler zu finden und zu beheben.

Wichtig ist, dass es nicht nur irgendeine alte Paranoia und Angst ist, die uns erfolgreicher macht; es ist ein bewusster und absichtlicher Versuch, das Risiko der realen Welt zu unserem Vorteil zu nutzen. Mit einer ehrlichen, praktischen Denkweise können wir erkennen, dass das, wovor wir uns wirklich fürchten, oft Untätigkeit oder Trödeln ist, oder dass wir unsere Chance verpassen, das zu sein, was wir sein können.

Wichtige Erkenntnisse:

- Die Prokrastination zu bekämpfen ist ähnlich, wie den Stein des Sisyphos zu bewegen. Man kann ihn ein Stück weit zurückschieben, aber er ist so natürlich, dass man ihn nie ganz loswerden wird. Das Problem ist typisch für die Zeitinkonsistenz, bei der wir zwei Ichs haben, deren Wünsche sich nicht überschneiden – das eine will

Befriedigung in der Zukunft, das andere will sie jetzt.

- Wir müssen Wege finden, die längerfristige Belohnung und Befriedigung in die Gegenwart zu bringen, damit auch das unmittelbare Selbst befriedigt wird.

- „Temptation Bundling" ist eine effektive Methode, um Prokrastination zu bekämpfen. Sie besteht darin, Ihre unangenehmen Aufgaben mit etwas Angenehmem zu kombinieren. Das funktioniert vor allem deshalb, weil Sie gegen Zeitinkonsistenz ankämpfen und beiden Ichs gleichzeitig geben, was sie wollen.

- Wenn Sie Temptation Bundling nutzen, wägen Sie sie sorgfältig ab, damit Sie Ihr Gesamtziel nicht untergraben. Wählen Sie stets die kleinste Belohnung und die größte Aktion in Richtung Ihres Ziels.

- Fangen Sie einfach und klein an. Prokrastination gedeiht durch Trägheit. Deshalb müssen Sie den Weg zur Bewegung und zum Handeln so einfach wie möglich machen. Dann können Sie irgendwann in Schwung kommen – das Gegenteil von Trägheit. Wichtig ist, dass Sie nur den kleinen Brocken bearbeiten, der gerade vor Ihnen liegt, d.h. kümmern Sie sich um die Tage und die Jahre erledigen sich von selbst.

- Manchmal erfordert der Kampf gegen die Prokrastination einfach einen Tritt in den Hintern. Angst und produktive Paranoia können das mit Ihnen machen – wenn Sie sich so sehr vor den negativen Auswirkungen fürchten, die auf Sie zukommen werden, dann werden Sie sicherlich zum Handeln angespornt. Sie erstellen vielleicht bessere Notfallpläne, sehen Ihre Schwächen und Annahmen klarer und denken weit voraus, um mögliche Probleme zu antizipieren. Aber dies ist keine Methode, die man sehr häufig anwenden sollte – es muss eine produktive Paranoia sein, die zu sinnvollem Handeln führt. Wie wir gesehen haben, wird einfacher Stress sogar gegen Sie arbeiten.

Kapitel 6. Ablenkungsfreie Zone

Dies ist ein Kapitel, das verspricht, Ihnen in den Hintern zu treten. Es ist voll von leistungsstarken Techniken, die sicherstellen, dass Sie Handlungen vornehmen. Wir haben uns einige psychologische Aspekte hinter der Prokrastination angeschaut, und wie Sie sorgfältig mit Belohnung, Risiko und Angst arbeiten, um sich selbst zu Ihren Zielen zu überreden. Aber an einem bestimmten Punkt *müssen Sie einfach handeln.* Lassen Sie uns direkt loslegen!

Ablenkungen minimieren

Wir denken oft, dass Ablenkungen in Hinsicht auf die Selbstdisziplin unsere

Freunde sein können. Wenn wir nur begrenzte Willenskraft haben, dann argumentieren wir, dass es besser ist, eine Pause zu machen, sich zu erfrischen und sich von Trieben und Versuchungen abzulenken.

Baba Shiv, ein Professor für Marketing an der Stanford Graduate School of Business, führte eine Studie durch, die veranschaulicht, wie uns Ablenkungen beeinflussen. Shiv lenkte eine Gruppe von Teilnehmern ab, indem er sie aufforderte, sich eine Telefonnummer zu merken, und bat dann alle Studienteilnehmer, entweder Schokoladenkuchen oder Obst zu wählen. Diejenigen, die versuchten, sich an Telefonnummern zu erinnern, entschieden sich 50% häufiger für den Kuchen als diejenigen, die das nicht taten. Die Schlussfolgerung daraus ist, dass Willenskraft wie eine feste Ressource ist – wenn Sie alles für eine Ablenkung aufwenden, haben Sie weniger zur Verfügung, um sich den Dingen zu widmen, die wirklich wichtig sind.

Wenn Sie ständig abgelenkt sind, erliegen Sie den Versuchungen, ohne sich überhaupt eine Chance zu geben, Ihre Willenskraft einzusetzen. Es kommt Ihnen einfach nicht in den Sinn, und Sie wählen trotz bester Absichten den Weg des geringsten Widerstands. Ablenkungen nagen schleichend an unserer Selbstdisziplin, und Sie denken vielleicht, dass es Ihnen von Natur aus an Willenskraft fehlt. Dieser Prozess kann im Hintergrund ablaufen, so dass wir nicht einmal merken, dass unsere Disziplin nachlässt, bis es zu spät ist und alle unsere bisherigen Bemühungen umsonst waren.

Das Design der Kassen in Supermärkten ist ein Paradebeispiel für die Ausnutzung von abgelenkten Köpfen und erschöpfter Willenskraft. Sie können bei jedem Schritt durch den Lebensmittelladen gesunde Entscheidungen treffen, aber Sie können nicht ohne eine letzte Ablenkung durch Süßigkeiten, Schokolade und Snacks an der Kasse entkommen.

Dies ist häufig die schwierigste Zeit, um diszipliniert zu sein, weil man sich so kurz vor dem Ausgang befindet, die Artikel günstig sind und sofort gekauft werden können. Wenn dann noch ein nörgelndes

Kind und ein ständig klingelndes Telefon hinzukommen, scheint es nur allzu leicht zu sein, sich ein paar ungesunde Snacks zu holen, die man normalerweise nie essen würde und sich geschworen hat, es nicht zu tun.

Was sollten Sie mit diesem Wissen tun? Wenn Sie in einer unordentlichen Umgebung arbeiten, räumen Sie diese auf. Ein aufgeräumter Schreibtisch kann helfen, einen klaren Geist zu schaffen, und ein klarer Geist ist viel eher in der Lage, diszipliniert und konzentriert zu bleiben. Eine Studie der Cornell University liefert überzeugende Beweise für das Konzept *„Aus den Augen, aus dem Sinn"* als Mittel zur Verbesserung der Disziplin, und es gilt für weit mehr als nur für Ihren Schreibtisch.

Die Studienteilnehmer erhielten ein Glas mit Hershey's Kisses, das entweder durchsichtig oder undurchsichtig war und entweder auf ihrem Schreibtisch oder in einem Abstand von zwei Metern platziert wurde. Im Durchschnitt aßen die Teilnehmer 7,7 Schokolädchen pro Tag aus den durchsichtigen Gläsern auf ihren Schreibtischen, im Gegensatz zu 4,6 pro Tag aus den undurchsichtigen Gläsern bei gleicher Platzierung. Wenn die Gläser zwei Meter entfernt standen, aßen die Teilnehmer 5,6 Schokolädchen pro Tag aus den durchsichtigen Gläsern und 3,1 pro Tag aus den undurchsichtigen Gläsern.

Überraschenderweise berichteten die Studienteilnehmer durchweg, dass sie das Gefühl hatten, mehr Schokolade gegessen zu haben, wenn die Gläser zwei Meter entfernt standen, obwohl das Gegenteil der Fall war. Diese Diskrepanz ist eine entscheidende Information, weil sie eine einfache Richtlinie für die Verbesserung der Disziplin liefert. Das heißt, Sie können die Faulheit zu Ihrem Vorteil nutzen, indem Sie Ihren Arbeitsplatz von Ablenkungen befreien. Sie werden diese Ablenkungen vielleicht nicht völlig vergessen, aber je mehr Mühe es Sie kostet, einer Versuchung nachzugeben, desto geringer ist die Wahrscheinlichkeit, dass Sie dies tun. Außerdem werden dadurch einige der kontraproduktivsten Disziplinlosigkeiten vermieden – die gedankenlosen, von denen wir nicht einmal merken, dass wir sie begehen.

Es ist so viel einfacher, mit der Hand in eine Keksdose zu greifen, ohne darüber nachzudenken, wenn diese Dose leicht zugänglich und sichtbar ist. Das sind die Arten von Szenarien, die Sie vermeiden wollen, wenn Sie eine Umgebung für Disziplin entwerfen. Wenn Sie die Keksdose in einem weit entfernten Schrank platzieren, eliminieren Sie die Versuchung nicht ganz, aber Sie machen es so, dass es eine große Anstrengung erfordert, der Versuchung nachzugeben. Das macht einen großen Unterschied.

Letztendlich wollen Sie sich eine Umgebung schaffen, die frei von Ablenkungen und offensichtlichen Verlockungen ist. Sie können die Disziplin drastisch erleichtern, indem Sie einfach die gedankenlosen und mühelosen Disziplinlosigkeiten eliminieren, die durch eine nicht optimierte Umgebung ermöglicht werden.

Dies gilt für Ihren Schreibtisch, Ihren Arbeitsbereich, Ihr Büro, das, was Sie von Ihrem Schreibtisch aus sehen können, und sogar für Ihren Computer-Desktop. Halten Sie sie so weit wie möglich frei von Ablenkungen und Sie werden sie einfach vergessen. Verwenden Sie Apps, die Sie von sozialen Medien oder dem Internet im Allgemeinen fernhalten, stellen Sie Ihr Telefon auf lautlos und legen Sie es in den Nebenraum, tragen Sie ein paar Kopfhörer, um Geräusche auszublenden, und stellen Sie keine verlockenden Ablenkungen auf Ihren Schreibtisch. Auf diese Weise können Sie sich bei Disziplinlosigkeiten oder Langeweile Ihrer nachlassenden Aufmerksamkeit bewusst werden, aber Sie werden keine andere Möglichkeit haben, als weiterzuarbeiten.

Automatische positive Handlungen und Verhaltensweisen

Um Ihre Umgebung für Selbstdisziplin zu optimieren, müssen Sie wirklich verstehen, wie automatisch die meisten Ihrer Entscheidungen sind.

Um diesen Punkt zu veranschaulichen, betrachten Sie die Ergebnisse einer Studie, die in 11 europäischen Ländern zum Thema Organspende durchgeführt wurde. Die Daten zeigten, dass Länder, in denen sich die Bürger automatisch für eine Organspende bereiterklären – es ist eine

Handlung erforderlich, um dagegen zu stimmen –, eine Beteiligungsquote von 95% oder mehr aufwiesen. In Ländern, in denen die Entscheidung, kein Organspender zu sein, standardmäßig getroffen wurde, lag die höchste Rate in allen elf Ländern bei nur 27%. Letztlich entschieden sich die Menschen einfach für die Option, die den geringsten Aufwand erforderte. Das sagte nichts über ihre tatsächliche Absicht oder ihren Wunsch aus, Organspender zu sein.

Das gleiche Konzept der Automatisierung auf die wünschenswertere Wahl kann auf Ihre eigene Selbstdisziplin angewendet werden. Wir sind faul und nehmen gerne an, was uns vor die Nase gehalten wird. Sie können es sich leicht machen, die Optionen zu wählen, die Ihnen am meisten nützen, während Sie es gleichzeitig so schwierig wie möglich machen, kontraproduktive Entscheidungen zu treffen.

Eine Standardoption ist eine, die der Entscheidungsträger wählt, wenn er nichts vornimmt oder den geringsten Aufwand betreibt. Zu den Standardoptionen gehören also auch solche, die normativ sind oder vorgeschlagen werden. Unzählige

Experimente und Beobachtungsstudien haben gezeigt, dass eine Standardoption die Wahrscheinlichkeit erhöht, dass sie gewählt wird, was als Standard-Effekt bekannt ist. Das Treffen von Entscheidungen erfordert Energie, daher wählen wir oft die Standardoption, um Energie zu sparen und Entscheidungen zu vermeiden, besonders wenn wir nicht wissen, worüber wir eine Entscheidung treffen sollen.

Die Optimierung dieser Standardentscheidungen ist der Punkt, an dem der Großteil Ihrer Bemühungen um eine disziplinfördernde Umgebung stattfinden kann. Sie mögen glauben, dass Sie die Mehrheit Ihrer Entscheidungen kontrollieren, aber in Wirklichkeit ist das nicht der Fall. In Wirklichkeit sind Sie ein Wesen, das auf vielen Abkürzungen läuft und sich durch erlernte Gewohnheit durchs Leben bewegt. In der Tat sind viele Ihrer Handlungen nur Reaktionen auf Ihre Umgebung.

Wenn Sie z. B. durch soziale Medien abgelenkt werden, könnten Sie die App-Symbole auf die letzte Seite Ihres Displays verschieben, damit Sie sie nicht ständig sehen, wenn Sie Ihr Telefon öffnen, um etwas anderes zu tun. Noch besser ist es, wenn Sie sich nach jeder Verwendung von den Apps abmelden oder sie ganz von Ihrem Telefon löschen, damit Sie sie nur dann verwenden, wenn Sie sie wirklich brauchen, anstatt sich von ihnen ablenken zu lassen.

Und wenn Sie die Angewohnheit haben, Ihr Telefon während der Arbeit gedankenlos in die Hand zu nehmen, können Sie einfach damit beginnen, es mit dem Display nach unten und weit genug weg zu legen, dass Sie aufstehen müssen, um es zu erreichen. Wenn Sie mehr Geige üben wollen, legen Sie es mit geöffneten Noten auf Ihren Schreibtisch. Wenn Sie mehr Zahnseide benutzen wollen, bewahren Sie Zahnseide in Ihrer Tasche, in Ihrem Badezimmer, auf Ihrem Nachttisch und auf Ihrem Sofa auf. Wenn Sie sich besser ernähren wollen, buchen Sie einen Essenslieferdienst, so dass jeden Tag eine gesunde Mahlzeit auf Sie wartet, wenn Sie nach Hause kommen, und Sie müssen sie nur noch essen.

Es gibt eine scheinbar endlose Anzahl von Beispielen, wie Sie den Standard-Effekt nutzen können, um disziplinierter zu werden, und zwar mit sehr wenig Einsatz von Willenskraft selbst. Ein anderes Beispiel ist, dass Sie, wenn Sie Chips und Kekse auf dem Küchentisch liegen lassen, standardmäßig diese Dinge essen, sobald Sie in die Küche gehen und sich auch nur ein bisschen hungrig fühlen.

Wenn Sie diese verstecken (oder gar nicht erst kaufen) und die ungesunden Snacks durch Obst ersetzen, erhöht sich sofort die Wahrscheinlichkeit, dass Sie Obst essen und die ungesunden Snacks vermeiden. Wollen Sie mehr trainieren? Positionieren Sie eine Klimmzugstange im Türrahmen Ihres Badezimmers. Wie Sie sehen, ist es möglich, die natürliche Faulheit des Menschen zu Ihrem Vorteil zu nutzen – machen Sie einfach die schlechte Wahl zu aufwendig, und Sie werden sie wahrscheinlich übergehen!

Wenn Sie zuckerhaltige Limonaden und Säfte in Ihrem Kühlschrank aufbewahren, machen Sie es zu Ihrer Standardwahl, diese zu trinken, wann immer Sie durstig sind und den Kühlschrank öffnen. Aber wenn Sie diese Optionen nicht haben, erhöhen Sie die

Wahrscheinlichkeit, dass Sie Wasser trinken oder einen Tee zubereiten. Möchten Sie mehr Vitamine zu sich nehmen? Stellen Sie sie direkt neben Ihre Zahnbürste, damit Sie leichter darauf zugreifen können.

Wenn Sie den ganzen Tag in einem Büro sitzen und Rückenprobleme haben, dann könnte es für Sie von Vorteil sein, den ganzen Tag über aufzustehen und häufig zu gehen. Sie können dies zu Ihrer Standardoption machen, indem Sie ständig Wasser trinken, so dass Sie gezwungen sind, aufzustehen, um zur Toilette zu gehen. Keine Willenskraft erforderlich! Oder Sie könnten Wecker auf Ihrem Telefon stellen und es irgendwo außerhalb Ihrer Reichweite platzieren, so dass Sie aufstehen müssen, um den Alarm auszuschalten, wenn er klingelt.

Der Sinn der Sache ist, dass Sie Ihre Willenskraft und Ihre Energie sparen können, indem Sie positive Veränderungen in Ihrer Umgebung vornehmen. Die beiden größten Facetten der Umgebungsveränderung sind die Reduzierung von Unordnung und Ablenkungen und die Optimierung von

Entscheidungen auf Basis des Standard-Effekts. Sie wollen Ihre kognitive Belastung so weit wie möglich senken, während Sie sich immer noch dazu bringen, das Richtige zu tun, ohne wirklich darüber nachzudenken.

Wenn Sie Ablenkungen aus Ihrer Umgebung reduzieren, bekommen Sie einen freien Kopf, was wiederum den Fokus, die Effizienz und die Produktivität erhöht. Darüber hinaus können Sie Ihr Dopamin-Belohnungssystem zu Ihrem Vorteil nutzen, indem Sie Ihre eigenen guten Gewohnheiten verstärken und gleichzeitig die sinnlose Verfolgung kleiner Vergnügungen einschränken. Schließlich können Sie es so einrichten, dass der Weg mit dem geringsten Aufwand zu den Entscheidungen führt, die Sie wünschen und von denen Sie profitieren.

All das sorgt dafür, dass Sie die tatsächliche Anwendung von Disziplin umgehen können und sie für Ihre größeren täglichen Herausforderungen aufheben. Warum sollten Sie Willenskraft aufbringen, wenn Sie sie nicht wirklich brauchen? Und egal, wer Sie sind, Sie können wahrscheinlich einen anderen Teil in Ihrem Leben finden, der von all der Willenskraft, die Sie am Ende sparen, profitieren könnte.

Aufmerksamkeitsrückstand

Manchmal kann es schwierig sein, sich auf die Arbeit zu konzentrieren. Sie fragen sich, warum es so schwer ist, in der Spur zu bleiben und glänzende Objekte zu ignorieren. Glücklicherweise gibt es dafür eine Erklärung. Im Jahr 2009 veröffentlichte Sophie Leroy eine Arbeit mit dem treffenden Titel „Warum ist es so schwer, meine Arbeit zu erledigen?" Darin erklärte sie einen Effekt, den sie Aufmerksamkeitsrückstand nannte.

Leroy merkte an, dass andere Forscher die Auswirkung von Multitasking auf die Leistung untersucht hatten, dass aber in der modernen Arbeitswelt, sobald man ein hohes Niveau erreicht hat, es häufiger vorkommt, dass Menschen an mehreren Projekten nacheinander arbeiten. „Von einem Meeting zum nächsten zu gehen, mit der Arbeit an einem Projekt zu beginnen und kurz darauf zu einem anderen überzugehen, ist einfach Teil des Lebens in Organisationen", erklärt Leroy.

Dies ist im Wesentlichen die moderne Version von Multitasking – das Arbeiten an Projekten in kurzen Schüben und das Wechseln zwischen ihnen, ohne sie unbedingt alle auf einmal zu erledigen. Man arbeitet vielleicht nicht wirklich an mehreren Aufgaben gleichzeitig, aber es ist fast genauso schlimm, in relativ schneller Folge zwischen ihnen hin und her zu wechseln. In jeder Hinsicht ist das Multitasking.

Das durch diese Forschung identifizierte Problem ist, dass Sie nicht ohne Verzögerung nahtlos zwischen Aufgaben wechseln können. Wenn Sie von Aufgabe A zu Aufgabe B wechseln, folgt Ihre Aufmerksamkeit nicht sofort – ein Teil Ihrer Aufmerksamkeit bleibt beim Denken an die ursprüngliche Aufgabe hängen. Dies wird schlimmer und der Rückstand wird besonders groß, wenn Ihre Arbeit an Aufgabe A vor dem Wechsel unbegrenzt und von geringer Intensität war. Aber selbst wenn Sie Aufgabe A fertigstellen, bevor Sie fortfahren, bleibt Ihre Aufmerksamkeit für eine Weile geteilt.

Leroys Tests zwangen Menschen dazu, in einer Laborumgebung zwischen verschiedenen Aufgaben zu wechseln. In einem dieser Experimente ließ sie die Probanden an einer Reihe von Worträtseln arbeiten. In einem der Versuche unterbrach sie die Arbeit der Probanden und zwang sie, zu einer neuen und herausfordernden Aufgabe überzugehen – zum Beispiel das Lesen von Lebensläufen und das Treffen hypothetischer Einstellungsentscheidungen. In anderen Versuchen ließ sie die Probanden die Rätsel beenden, bevor sie ihnen die nächste Aufgabe stellte.

Während die Teilnehmer zwischen Rätseln und Einstellungen wechselten, spielte Leroy ein schnelles lexikalisches Entscheidungsspiel. Auf diese Weise konnte sie die Menge der verbliebenen Reste von der ersten Aufgabe quantifizieren. Die Ergebnisse waren eindeutig: „Personen, die einen Aufmerksamkeitsrückstand nach dem Wechsel zwischen den Aufgaben aufweisen, zeigen eine schlechte Leistung bei der nächsten Aufgabe", und je intensiver der Rest war, desto schlechter die Leistung.

Das scheint nicht allzu weit hergeholt, wenn man darüber nachdenkt. Wir alle kennen diesen hektischen Moment, wenn wir zu viele Dinge auf einmal tun und plötzlich nicht mehr in der Lage sind, irgendetwas zu tun. Wie können Sie sich auf eine Aufgabe konzentrieren, wenn Sie ständig zwischen zwei oder mehr verschiedenen Dingen hin und her wechseln? Sie werden wahrscheinlich nicht weiterkommen, wenn Sie nur versuchen, einen Sinn in allem zu sehen und es so zu organisieren, dass Sie es verstehen können. Das wird Sie nur dazu zwingen, Zeit zu verschwenden, indem Sie versuchen, den Stand aufzuholen, an dem Sie waren, anstatt vorwärtszukommen. Sie werden einen Schritt vorwärts machen, aber bei jedem Versuch zwei Schritte zurück.

Noch schlechtere Nachrichten präsentiert ein Stanford-Forscher, Clifford Nass, der das Arbeitsverhalten von Menschen untersuchte, die Multitasking betreiben. Die Forscher teilten ihre Probanden in zwei Gruppen ein: diejenigen, die regelmäßig viel

Medien-Multitasking betreiben und diejenigen, die das nicht tun. In einem Experiment wurden den Gruppen Sätze von zwei roten Rechtecken allein oder umgeben von zwei, vier oder sechs blauen Rechtecken gezeigt. Jede Konfiguration wurde zweimal gezeigt, und die Teilnehmer mussten feststellen, ob sich die beiden roten Rechtecke im zweiten Bild vom ersten unterscheiden.

Es klingt einfach: Ignorieren Sie einfach die blauen Rechtecke und schauen Sie, ob sich die roten ändern. In der Tat war es recht einfach, und diejenigen, die nicht oft Multitasking betrieben, hatten keinerlei Probleme. Diejenigen, die viel Multitasking machten, schnitten jedoch schlecht ab, da sie ständig von den irrelevanten blauen Bildern abgelenkt wurden.

Weil sie die Bilder nicht ignorieren konnten, dachten die Forscher, dass sie vielleicht besser darin waren, Informationen zu speichern und zu organisieren. Vielleicht hatten sie ein besseres Gedächtnis. Doch der zweite Test bewies das Gegenteil. Nachdem ihnen Sequenzen von alphabetischen Buchstaben gezeigt wurden, hatte die gleiche Gruppe Schwierigkeiten, sich zu erinnern, wenn ein Buchstabe wiederholt auftrat. Und wieder schnitten die Personen besser ab, die im Allgemeinen weniger Multitasking betrieben. So einfach war das.

„Die Personen, die wenig Multitasking nutzen, schnitten großartig ab", sagte Ophir. „Die Personen, die viel Multitasking betrieben, schnitten immer schlechter ab, je weiter sie kamen, weil sie immer mehr Buchstaben sahen und Schwierigkeiten hatten, sie in ihrem Gehirn zu sortieren."

Multitasking scheint das Beste aus beiden Welten zu sein, aber wenn Sie sich in Situationen befinden, in denen mehrere Informationsquellen von der Außenwelt kommen oder aus dem Gedächtnis auftauchen, können Sie nicht herausfiltern, was für Ihr aktuelles Ziel irrelevant ist. Dieses Versagen beim Filtern bedeutet, dass Sie durch irrelevante Informationen verlangsamt werden und Mühe haben werden, eine Aufgabe ohne Ablenkungen zu erledigen. Es ist viel einfacher, sich auf eine Sache auf einmal zu konzentrieren, ohne sich von Ablenkungen stören zu lassen, als zu versuchen, mehrere Dinge auf einmal zu tun und Ihr Gehirn mit zu vielen Informationen zu überlasten.

Aus diesen beiden Experimenten geht klar hervor, dass Multitasking nicht wirklich gut für irgendetwas ist. Sicher, es mag sich so anfühlen, als würden Sie sich extra beschäftigen, aber das ist eine Illusion. Durch Multitasking sind Sie weder in der Lage, sich adäquat auf jede neue Aufgabe zu konzentrieren, noch sind Sie in der Lage, Ablenkungen, die Ihre Arbeit behindern, zu auszublenden. Und wenn Sie die Aufgaben wechseln, dauert es eine ganze Weile, bis Ihre Aufmerksamkeit wieder aufholt und tatsächlich für Sie arbeitet. Es mag bestimmte Möglichkeiten geben, wie Sie 1% effektiver Multitasking betreiben können, aber die allgemeine Lektion ist einfach, es wann immer möglich zu vermeiden.

Singletasking. Was bedeutet das?

Beim Singletasking legen Sie alles andere beiseite und checken keine sozialen Medien, prüfen keine E-Mails und fassen auch nichts anderes an als die aktuelle Aufgabe, an der Sie gerade arbeiten. Es erfordert einen singulären Fokus und das gezielte und absichtliche Abschalten von allem anderen. Schalten Sie Ihre Benachrichtigungen aus und legen Sie Ihr Telefon weg. Wenn Sie an Ihrem Computer arbeiten müssen, lassen Sie jeweils nur eine Browser-Registerkarte oder ein Programm geöffnet.

Beim Singletasking geht es oft darum, Ablenkungen, die klein und harmlos erscheinen, bewusst zu vermeiden. Die größten Übeltäter? Ihre elektronischen Geräte. Ignorieren Sie sie, wenn möglich. Sie können Ihre Nutzung vielleicht einschränken, aber die traurige Wahrheit ist, dass Ihr Smartphone und alle darauf befindlichen Apps absichtlich so konzipiert wurden, dass sie Ihre Aufmerksamkeit mit allen Mitteln stehlen. Ich wiederhole es noch einmal: Ihr Smartphone verfolgt nicht Ihre Produktivitätsziele. Es kümmert sich nicht darum, ob Sie Ihre Träume verwirklichen oder sich gut fühlen – es möchte nur, dass Sie alles unterbrechen, was Sie gerade tun, und hinschauen, wenn es klingelt, und es möchte sicherstellen, dass Sie so lange wie möglich hinschauen.

Sie könnten auch Apps installieren (ja, ich bin mir der Ironie bewusst), die Ihnen helfen, die Bildschirmzeit im Auge zu behalten, Spiele zu löschen oder bestimmte Websites während der Arbeitszeit zu blockieren. Sie könnten eine Menge tun, indem Sie sich einfach von nutzlosen Mailinglisten abmelden, damit Ihr Posteingang nicht immer voll ist, oder Benachrichtigungen reduzieren, damit nicht immer etwas Neues Ihre Aufmerksamkeit erregt, wenn Sie auf Ihren Bildschirm schauen.

Aber es sind nicht nur die leuchtenden Bildschirme der Geräte, die uns die Konzentration rauben. Wahrscheinlich ist an der Vorstellung etwas Wahres dran, dass ein unordentlicher Arbeitsplatz ein Zeichen für einen unordentlichen Geist ist – also räumen Sie auf! Sorgen Sie für einen makellosen Arbeitsplatz, damit Ihr Auge nicht auf etwas stößt, das gereinigt oder angepasst werden muss. Im Idealfall reduziert Singletasking Ihre Umgebung auf einen leeren Raum, weil Sie auf nichts anderes achten sollten.

Versuchen Sie, auf all die Momente zu achten, in denen Sie das Gefühl haben, dass Sie unterbrochen werden oder subtil zwischen Aufgaben wechseln. Das ist anfangs schwer zu erkennen und erfordert, dass Sie bewusste Entscheidungen gegen Ihren Instinkt treffen. Aber damit ist die halbe Schlacht schon gewonnen.

Etwas, dem Sie nur sehr schwer widerstehen können, ist, sich einzureden, dass Sie sofort auf etwas reagieren müssen und Ihre Aufgabe unterbrechen. Dies entspricht jedoch selten der Wahrheit. Um diesen Drang zu bekämpfen, legen Sie ein Post-it bereit, um sich Notizen für Ideen zu machen, die Ihnen unweigerlich zu anderen Aufgaben einfallen werden. Notieren Sie sie einfach schnell und kehren Sie zu Ihrem primären Ziel zurück. Sie können sie angehen, nachdem Ihre Singletasking-Phase vorbei ist, und Sie werden nichts vergessen haben. So bleibt Ihr Geist auf eine einzige Aufgabe fokussiert und Sie sind für zukünftige Erfolge gerüstet.

Batching

Henry Ford, der Gründer der Ford Motor Company, hat in Sachen Auto vieles richtig gemacht.

Er hatte damals ein paar Konkurrenten, aber ein Hauptgrund, warum diese Namen im Wesentlichen in der Zeit verloren sind, ist, dass er auch der Erfinder des *Fließbands* war. Am Fließband konzentrieren sich die Arbeiter auf eine Aufgabe zur gleichen Zeit.

Dies strafft einen Prozess und macht ihn weitaus effizienter, als wenn ein einzelner Mitarbeiter ein Projekt von Anfang bis Ende durchführt und dabei zwischen mehreren Aufgaben wechselt. Es erlaubt den Arbeitern, sich zu spezialisieren und ihre Aufgabe zu perfektionieren, was die Fehlerquote senkt und die Fehlersuche wesentlich erleichtert. Die Arbeiter mussten nicht mehr denken, als für die jeweilige Aufgabe notwendig war. Für Ford führte dies dazu, dass die Effizienz und der Output seiner Automobilproduktion durch die Decke schossen und seinen Markt dominierten.

Das ist es, was das *Batching* im Wesentlichen für Sie tun kann.

Batching ist, wenn Sie ähnliche Aufgaben gruppieren, um sie alle auf einmal zu erledigen. Fords Fließband war im Wesentlichen 100% Batching, weil seine Arbeiter nur eine Aufgabe unglaublich effizient ausführten.

Nehmen wir ein gängiges Beispiel, mit dem wir alle etwas anfangen können – das Abrufen von E-Mails.

Wenn Sie irgendeine Art von Online-Präsenz oder Job haben, haben Sie wahrscheinlich einen ständigen Ansturm von E-Mails, die stündlich in Ihren Posteingang sprudeln. Das ständige Überprüfen Ihrer E-Mails ist eine extrem ineffiziente Nutzung Ihrer Zeit. Es unterbricht andere Aufgaben und zerstreut Ihren Fokus, sobald Sie eine neue E-Mail erhalten. Viele von uns lassen das, was wir gerade tun, fallen, um sich um etwas aus einer E-Mail zu kümmern. Dann müssen wir die ursprüngliche Aufgabe wieder von vorne beginnen, weil unser Fluss und Schwung unterbrochen wurde. Oder noch schlimmer – unsere Aufmerksamkeit wird mit der nächsten "dringenden" E-Mail in eine andere Richtung gezogen.

Das Gruppieren von E-Mails wird Ihre Produktivität erheblich verbessern. Ein Beispiel dafür wäre, Ihre E-Mails nur alle zwei Stunden zu überprüfen und Ihre Benachrichtigungen absichtlich zu ignorieren oder zu blockieren. Am Anfang mag es schwierig sein, aber wenn Sie die Häufigkeit des Abrufens von E-Mails auf diese Weise einschränken, können Sie sich auf Ihre Aufgaben konzentrieren, ohne ständig abgelenkt zu werden und sich neu akklimatisieren zu müssen. Es mag sich nicht so anfühlen, aber die Wahrheit ist, dass nur wenige von uns E-Mails erhalten, die lebenswichtig sind und innerhalb von zwei Stunden beantwortet werden müssen.

Vielleicht noch wichtiger: Batching lehrt die Lektion, dass es genauso wichtig ist, zu einigen Aufgaben nein zu sagen, wie zu den richtigen ja zu sagen. Batching lehrt die Kunst des gezielten, absichtlichen Ignorierens, damit Sie sich auf andere Aufgaben konzentrieren können. Es hilft Ihnen auch, mehr bewusste Absicht in das zu bringen, was Sie den ganzen Tag über tun. Indem Sie sich absichtlich einschränken, bemerken Sie vielleicht zum ersten Mal, wie oft Ihre Aufmerksamkeit überall hin zerstreut ist, aber auch, dass Sie selbst dann, wenn Sie diese Ablenkungen ignorieren, nicht an Produktivität verlieren. Sie könnten sogar etwas gewinnen.

Das Wechseln von einer Aufgabe zur nächsten ist eine große mentale Belastung, weil Sie im Grunde den ganzen Tag über immer wieder bei Null anfangen und aufhören. Es kostet viel Energie, von einer Aufgabe zur nächsten zu wechseln, und es gibt in der Regel ein paar verschwendete Minuten, um sich wieder zu orientieren und den Status der Aufgabe herauszufinden, an der Sie gerade gearbeitet haben. Natürlich führen diese Arten von Unterbrechungen nur dazu, dass Sie nur einen Teil dessen erreichen, was Sie können und wollen.

Im Beispiel der Überprüfung von E-Mails erlaubt Ihnen die Stapelverarbeitung, in einer Denkweise des Lesens und Verfassens von E-Mails mit all ihren zugehörigen Fähigkeiten, Aufgaben und Erinnerungen zu bleiben. E-Mail ist eine deutlich andere Denkweise als das Entwerfen einer neuen

Grafik für eine Werbekampagne. In der gleichen Denkweise zu bleiben, zahlt sich enorm aus.

Durch das Batching können Sie Ihre mentale Energie für die Aufgaben selbst aufsparen und verschwenden Ihre Energie nicht für das Hin- und Herschalten zwischen den Aufgaben.

Was können Sie noch stapeln? Sie können alle Ihre Besprechungen auf einen Nachmittag legen, damit Sie einen freien, ungestörten Vormittag zum Arbeiten haben. Sie können planen, alles, was einen Computerzugang erfordert, am Morgen zu erledigen und sogar Teile von Aufgaben gruppieren, wie z. B. die Teile, die Sie zum Telefonieren benötigen. Sie können Mahlzeiten für die ganze Woche auf einmal vorkochen, so dass die Zeit, die Sie pro Mahlzeit in der Küche verbringen, sinkt und Sie relativ wenig Geschirr abzuwaschen haben. Sie können warten, bis sich ein paar Besorgungen ansammeln, und sie alle mit einer einzigen Fahrt in die Stadt abarbeiten, um Zeit und Energie zu sparen.

Sie können auch Ihre Ablenkungen gruppieren. Dies dient nicht dazu, sich effizienter abzulenken und zu amüsieren, sondern um sicherzustellen, dass Sie Ihre Energie sparen und Ihre konzentrierte Zeit genau das sein kann – konzentriert.

Wie können Sie Ablenkungen gruppieren? Wenn Sie zum Beispiel von einer bestimmten Aufgabe ausgebrannt sind, möchten Sie vielleicht eine kleine Social-Media-Pause einlegen. Nehmen Sie sie auf jeden Fall! Nehmen Sie sich jedoch ein wenig mehr Zeit, um *alle* Ihre Konten zu überprüfen: ESPN, Refinery29 und was auch immer Sie sonst noch an Ablenkungen beschäftigt. Schnappen Sie sich eine neue Tasse Kaffee, machen Sie einen flotten Spaziergang um das Büro und grüßen Sie Ihren Nachbarn.

Holen Sie alles aus Ihrem System heraus, damit Sie, wenn Sie wieder an die Arbeit gehen, einen soliden und festen Zeitblock haben, in dem Sie sich konzentrieren können. Schließlich fühlen Sie sich wahrscheinlich weniger gezwungen, Ihre Facebook-Seite zu überprüfen, wenn es nichts Neues gibt. Sobald Sie all diese ablenkenden Aktivitäten innerhalb der vorgegebenen Zeit erledigt haben, können Sie für den Rest der Stunde zu produktiver Arbeit übergehen.

Je mehr Sie Ihre Aufmerksamkeit auf verschiedene Aktivitäten aufteilen, desto weniger produktiv werden Sie sein. Wenn Sie jedoch damit beginnen, etwas zu tun, das der vorherigen Tätigkeit ähnlich ist, werden Sie feststellen, dass es viel einfacher ist, loszulegen, weil Ihr Geist bereits auf eine bestimmte Art von Aufgabe ausgerichtet ist. Erledigen Sie alle ähnlichen Aufgaben zusammen, eine nach der anderen, und gehen Sie dann zum nächsten Stapel ähnlicher oder verwandter Aktivitäten über. Effektives Batching kann Ihre Produktivität in die Höhe treiben, egal in welchem Kontext. Und es hat den Nebeneffekt, dass Ihr Leben viel ruhiger und ordentlicher erscheint!

"Don't-Do"-Liste

Jeder kennt den Wert einer To-Do-Liste - zweifellos sind Sie schon an anderer Stelle über Tipps gestolpert, wie man mit einer To-Do-Liste die Produktivität steigern kann.

Aber jeder weiß von Natur aus, was er tun sollte und bis wann er es tun muss. Der Akt des Aufschreibens hilft einfach, sie daran zu erinnern, und macht es wahrscheinlicher, dass man sich um seine Verpflichtungen kümmert.

Allerdings weiß nicht jeder, was er *nicht* tun sollte – was er vermeiden sollte, wie er es aufschiebt und welche Ablenkungen sich als Prioritäten tarnen. Zusammen mit Ihrer To-Do-Liste ist es ebenso wichtig, eine *"Don't-Do"-Liste* zu erstellen. Jeden Tag müssen wir uns für die Aufgaben entscheiden, die die größte Wirkung für uns haben werden, und es gibt viele versteckte Hindernisse. Wann immer Sie eine Priorität setzen, identifizieren Sie zwangsläufig die Aufgaben, die *weniger* wichtig sind – und die Aufgaben, die Sie auf dem Weg zum Erreichen Ihres vorrangigen Ziels entgleisen lassen werden.

Auch hier kennen wir alle die offensichtlichen Übel, die man vermeiden sollte, wenn man versucht, die Produktivität zu steigern: soziale Medien, Surfen im Internet, *Die Bachelorette* schauen, während man versucht zu arbeiten, und Flöte spielen lernen, während man liest.

Es kann schwierig sein, zwischen echten Aufgaben und nutzlosen Aufgaben zu unterscheiden, und es wird einige harte Überlegungen Ihrerseits erfordern. Sie müssen Ihre "Don't-do"-Liste mit Aufgaben füllen, die Ihnen schleichend Ihre Zeit stehlen und Ihre Ziele untergraben. Das sind Aufgaben, die unbedeutend sind oder Ihre Zeit schlecht nutzen, Aufgaben, die Ihnen nicht helfen und Aufgaben, die einen ernsthaften Fall von abnehmender Rendite haben, je mehr Zeit Sie ihnen widmen.

Wenn Sie ständig Ihre Zeit für diese Aufgaben aufwenden und verschwenden, bleiben Ihre wahren Prioritäten und Ziele auf der Strecke. Hier ist, was Sie auf Ihre *"Don't-do"*-Liste setzen sollten.

Nehmen Sie zunächst Aufgaben auf, die zwar Priorität haben, an denen Sie aber aufgrund äußerer Umstände derzeit nichts machen können.

Das sind Aufgaben, die in einer oder mehreren Hinsichten wichtig sind, aber auf

Feedback von anderen warten oder darauf, dass darunterliegende Aufgaben zuerst erledigt werden. Setzen Sie diese auf Ihre "Don't-do"-Liste, denn Sie können buchstäblich nichts dagegen tun!

Vergeuden Sie Ihre geistige Energie nicht damit, über sie nachzudenken. Sie werden immer noch da sein, wenn Sie von diesen anderen Leuten zurück hören. Notieren Sie einfach, dass Sie auf eine Rückmeldung von jemandem warten und notieren Sie das Datum, an dem Sie sich melden müssen, wenn Sie noch keine Rückmeldung erhalten haben. Dann schieben Sie diese Dinge aus Ihrem Kopf, weil sie auf der To-Do-Liste von jemand anderem stehen, nicht auf Ihrer. Sie können Dinge auch vorübergehend von sich wegschieben, indem Sie andere Personen abklären und ihnen Fragen stellen. Das bringt sie in Zugzwang und Sie können die Zeit nutzen, um sich um andere Dinge zu kümmern.

Zweitens: Nehmen Sie Aufgaben auf, die keinen Mehrwert für Ihre Projekte bringen. Diese Aufgaben können ein wenig schwieriger zu identifizieren sein.

Es gibt viele kleine Posten, die nicht zu Ihrem Endergebnis beitragen, und oft sind dies triviale Dinge – lästige Arbeit. Können Sie diese delegieren, jemand anderem zuweisen oder sogar auslagern? Benötigen sie wirklich Ihre Aufmerksamkeit? Mit anderen Worten: Sind sie Ihre Zeit wert? Und wird jemand außer Ihnen den Unterschied bemerken, wenn Sie die Aufgabe an jemand anderen delegieren? Wenn Sie die Aufgabe selbst übernehmen, bleiben Sie dann im Perfektionismus stecken? Sie sollten Ihre Zeit auf große Aufgaben verwenden, die ganze Projekte voranbringen, und nicht auf kurzsichtige, triviale Aufgaben. Oft sind das nutzlose Aufgaben, die als wichtige getarnt sind, wie z. B. die Auswahl der Farbe für den Fahrradschuppen auf dem Parkplatz des Kernkraftwerks, das Sie bauen.

Eine großartige Technik zur Verringerung der Arbeitsbelastung besteht darin, den Ablauf der Aufgaben, die zum Erreichen eines Ziels erforderlich sind, genau zu betrachten. Viele Menschen sind erfolgreich, wenn sie eine Variation der "5-Minuten-Regel" anwenden. Im Wesentlichen gilt: Wenn eine relevante

Aufgabe in weniger als 5 Minuten erledigt werden kann, erledigen Sie sie sofort und machen Sie weiter. Was Sie *nicht* wollen, ist, 15 Minuten damit zu verbringen, diese 5-Minuten-Aufgabe zu bearbeiten und zu organisieren – ohne sie überhaupt zu erledigen.

Wenn Sie zum Beispiel Ihre Post öffnen und ein paar Rechnungen sehen, die beantwortet werden müssen, sortieren Sie sie einfach an Ort und Stelle aus. Lesen Sie die Rechnung nicht mehrmals, machen Sie sich Notizen, kramen Sie Ihr kompliziertes Ablagesystem hervor, um sie abzulegen, und schreiben Sie dann eine Reihe von Aufgaben auf die morgige To-Do-Liste, die Sie erledigen müssen. Tun Sie einfach, was Sie tun müssen, und machen Sie weiter.

Drittens: Nehmen Sie Aufgaben auf, die aktuell und fortlaufend sind, aber nicht von zusätzlicher Arbeit oder Aufmerksamkeit für sie profitieren. Diese Aufgaben können sehr trügerisch sein, wenn Sie sich nicht die Zeit nehmen, sie wirklich zu untersuchen. Manchmal ist es zwar physisch möglich, an einem Projekt zu arbeiten, aber es bringt keine realistischen Fortschritte mit sich.

Diese Aufgaben leiden unter abnehmenden Erträgen. Diese Aufgaben sind einfach nur Energieverschwendung, weil sie zwar immer noch verbessert werden können (und gibt es irgendetwas, das nicht verbessert werden kann?), aber das Ausmaß der wahrscheinlichen Verbesserung wird entweder keinen Unterschied im Gesamtergebnis oder im Erfolg machen oder eine unverhältnismäßig große Menge an Zeit und Mühe in Anspruch nehmen, ohne eine signifikante Delle zu hinterlassen.

In jeder Hinsicht sollten diese Aufgaben als *erledigt* betrachtet werden. Verschwenden Sie Ihre Zeit nicht mit ihnen und tappen Sie nicht in die Falle, sie als Priorität zu betrachten. Wenn Sie alles andere auf Ihrem Teller erledigt haben, können Sie dann abschätzen, wie viel Zeit Sie dem Polieren von etwas widmen wollen.

Wenn die Aufgabe 90% der benötigten Qualität erreicht, ist es an der Zeit, sich umzuschauen, was sonst noch Ihre Aufmerksamkeit benötigt, um sie von 0% auf 90% zu bringen. Mit anderen Worten:

Es ist viel hilfreicher, drei Aufgaben mit einer Qualität von 80% zu erledigen als eine Aufgabe mit 100%. Es erfordert jedoch eine gewisse bewusste Anstrengung, den "Perfektionismus" abzulegen und zu erkennen, dass nicht jeder Aufwand das gleiche Ergebnis bringt. Es kann verlockend sein, zu einer vertrauten Aufgabe zurückzukehren und damit weiterzumachen, aber was psychologisch befriedigend sein mag, ist vielleicht nicht die effizienteste Lösung. Wir müssen den Mut haben, "gut genug" zu akzeptieren und andere große Projekte in Angriff zu nehmen, anstatt uns mit dem "Sahnehäubchen" eines Lieblingsprojekts zu beschäftigen.

Wenn Sie die Punkte auf Ihrer "Don't-do"-Liste bewusst vermeiden, halten Sie sich selbst fokussiert und stromlinienförmig. Sie verschwenden weder Energie noch Zeit, und Ihr täglicher Output wird sich dramatisch erhöhen. Anstatt dass Ihre Aufmerksamkeit jeder noch so interessanten Ablenkung ausgeliefert ist, haben *Sie* die Kontrolle darüber, wohin sie geht. Sie entscheiden bewusst, worauf Sie sich konzentrieren und wie Sie diesen Fokus nutzen.

Warum sollten Sie eine Speisekarte lesen, auf der Gerichte stehen, die nicht verfügbar sind? Warum einen Plan für eine Veranstaltung machen, von der Sie nicht sicher sind, ob sie tatsächlich stattfinden wird? Warum viel Zeit damit verbringen, darüber nachzudenken, wie die Dinge hätten laufen *sollen*? Das ist sinnlos und verschwendet Ihre geistige Bandbreite. Indem Sie verhindern, dass Ihr Energielevel durch die Dinge, die Ihre Zeit und Aufmerksamkeit absorbieren, zerstört wird, ermöglicht Ihnen eine "Don't-do"-Liste, sich auf das zu konzentrieren, was wichtig ist.

Dies kann einen sehr dramatischen und positiven Einfluss auf Ihren Tagesablauf haben. Je weniger Dinge an Ihrem Verstand zerren, desto besser – die Art von Stress und Angst, die sie erzeugen, behindert oder tötet die Produktivität nur. Eine "Don't-do"-Liste wird Ihren Geist von der Last befreien, zu viele Dinge in der Luft zu haben, weil sie die meisten dieser Dinge eliminiert! Sie können sich auf die Bälle konzentrieren, die noch in der Luft sind, und nach und nach jeden einzelnen abhaken.

Die 40-70-Regel

Viele von uns zögern, Maßnahmen außerhalb der Komfortzone zu ergreifen, wenn wir nicht alle relevanten Informationen haben, die wir benötigen. Aber kann man tatsächlich *zu* viele Informationen haben, um etwas Neues zu beginnen?

Der ehemalige US-Außenminister Colin Powell hat eine Faustregel, wenn es darum geht, Entscheidungen zu treffen und zu einem Punkt des Handelns zu kommen. Er sagt, dass Sie jedes Mal, wenn Sie vor einer schwierigen Entscheidung stehen, *nicht weniger* als 40% und *nicht mehr* als 70% der Informationen haben sollten, die Sie für diese Entscheidung benötigen. In diesem Bereich haben Sie genug Informationen, um eine fundierte Entscheidung zu treffen, aber nicht so viele Informationen, dass Sie Ihre Entschlossenheit verlieren und die Situation einfach nicht mehr überblicken können.

Wenn Sie weniger als 40% der erforderlichen Informationen haben, schießen Sie im Wesentlichen aus der Hüfte. Sie wissen nicht genug, um voranzukommen und werden wahrscheinlich viele Fehler machen. Wenn Sie dagegen so lange nach weiteren Daten suchen, bis Sie mehr als 70% der benötigten Informationen haben (und es ist unwahrscheinlich, dass Sie wirklich mehr als diese Menge benötigen), könnten Sie überwältigt und unsicher werden. Die Gelegenheit könnte an Ihnen vorbeigegangen sein und jemand anderes könnte Sie geschlagen haben, indem er bereits angefangen hat.

Aber in diesem Sweet Spot zwischen 40% und 70% haben Sie genug, um sich von Ihrer Intuition bei Ihren Entscheidungen leiten zu lassen. Im Zusammenhang mit Colin Powell ist dies der Punkt, an dem effektive Führungskräfte gemacht werden: Diejenigen, die Instinkte haben, die in die richtige Richtung weisen, sind diejenigen, die ihre Organisation zum Erfolg führen werden.

Für unsere Zwecke, aus der Komfortzone auszubrechen, können wir das Wort

"Information" durch andere Motivatoren ersetzen: 40-70% Erfahrung, 40-70% Lesen oder Lernen, 40-70% Vertrauen oder 40-70% Planung. Während wir die Aufgabe erledigen, werden wir auch spontan analysieren und planen, daher hilft uns dieser Bereich der Gewissheit, zum Handeln zu tendieren.

Wenn Sie versuchen, mehr als 70% Informationen (oder Vertrauen, Erfahrung usw.) zu erreichen, kann Ihre mangelnde Geschwindigkeit viele negative Folgen haben. Es kann auch Ihren Antrieb zerstören oder Ihr Interesse bremsen, was effektiv bedeutet, dass nichts passieren wird. Es besteht eine hohe Wahrscheinlichkeit, dass Sie durch das Überschreiten dieser Schwelle nichts weiter gewinnen.

Nehmen wir zum Beispiel an, Sie eröffnen eine Cocktailbar, wozu Sie viele verschiedene Arten von Spirituosen kaufen müssen. Sie können nicht erwarten, dass Sie absolut alle Spirituosen, die Sie jemals brauchen werden, bereit haben, wenn Sie die Türen öffnen. Auf der anderen Seite macht es aber auch keinen Sinn, den

Betrieb aufzunehmen, wenn nicht genug für die Kunden zur Auswahl steht.

Sie würden also warten, bis Sie mindestens 40% des verfügbaren Inventars haben. Sie haben einen Schwung entwickelt. Sie denken sich, wenn Sie mehr als die Hälfte dessen bekommen, was Sie brauchen, sind Sie in ziemlich guter Verfassung, um zu eröffnen. Sie werden vielleicht nicht in der Lage sein, absolut jeden Drink aus dem Barkeeper-Handbuch zu machen, aber Sie werden genug vorrätig haben, um die Grundgetränke mit ein paar Variationen abzudecken. Wenn Sie etwa 50-60% des Inventars haben, sind Sie wahrscheinlich bereit. Wenn das restliche Inventar eintrifft, sind Sie bereits in Aktion und können das neue Inventar einfach in Ihr Angebot einbauen. Wenn Sie warten würden, bis Sie 70% oder mehr Bestand haben, könnten Sie länger im Leerlauf feststecken, als Sie es wollten.

Diese Art des Denkens führt zu mehr Handlung. Zu warten, bis Sie 40% dessen haben, was Sie brauchen, um einen Schritt zu machen, ist kein sesshaftes Verweilen in Ihrer Komfortzone – Sie planen aktiv, was Sie tun müssen, um herauszukommen, was genau richtig ist (solange es keine Überplanung ist). Die Ausführung zu machen, bevor Sie zu 100% - oder auch nur halbwegs – dazu bereit sind, ist die Art von mutigem Schritt, der Sie schnell aus der Gleichgültigkeit Ihrer Komfortzone herausschüttelt.

Ein weiterer großartiger Nebeneffekt ist, dass Sie, wenn Sie sich in den Ring begeben, schneller anfangen zu lernen, als wenn Sie an der Seitenlinie gesessen hätten, bis sich alles sicher genug anfühlte. Das bedeutet, dass Sie mehr Chancen ergreifen, wenn sie sich ergeben, und Sie verbringen mehr Zeit damit, *tatsächlich* zu lernen und weniger Zeit mit Theoretisieren. Viele Menschen verschwenden Zeit damit, über jeden möglichen Ausgang für eine bestimmte Handlung nachzudenken, aber während sie das tun, rast jemand anderes voraus und *tut* es, um die Frage ein für alle Mal zu klären. Während die erste Person noch nicht einmal angefangen hat, hat die zweite Person nun einen Vorteil und ist auf dem Weg zur nächsten Herausforderung.

Manche Menschen können planen, ausführen, scheitern und einen noch besseren Plan erstellen – und das alles in der Zeit, die andere brauchen, um sich vage Gedanken über den Plan zu machen, den sie ausführen könnten. Das sind die Leute, die, sobald sie den Sprung geschafft haben, sich selbst vorantreiben und sagen: „Mein einziger Fehler war, dass ich nicht schon früher begonnen habe!"

Nichts tun

Burn-out ist ein sehr reales Risiko. Besonders in der heutigen modernen Zeit scheint es, dass jeder einen Vollzeitjob sowie eine Nebenkarriere haben muss, die darauf abzielt, Geld zu verdienen. Wir versuchen, unsere Tage absichtlich mit Aktivitäten vollzupacken, beruflich und gesellschaftlich, um den letzten Tropfen Freude aus unserem Leben herauszuquetschen.

Ironischerweise wird das schnell kontraproduktiv, weil nur sehr wenige Menschen eine Batterie haben, die so funktionieren kann. Was das für Ihr Gehirn bedeutet, ist, dass jedes Fitzelchen Müdigkeit Ihre Klarheit des Denkens beeinträchtigt. Dieser Teil sollte aus unserem eigenen Leben klar sein. Wir funktionieren besser mit acht Stunden Schlaf als mit drei Stunden Schlaf.

Was jedoch weniger offensichtlich ist, ist, dass das Abschalten von allem und das Nichtstun tatsächlich ein Weg zu größerer Kreativität und Einsicht sein kann. Es gibt einen Grund dafür, dass wir, wenn wir im Fitnessstudio oder unter der Dusche abschalten, eine unverhältnismäßig große Anzahl von Erleuchtungen haben. Denken ist von Natur aus ermüdend und anstrengend für den Geist und zeichnet sich dadurch aus, dass das Gehirn Beta-Wellen aussendet. Entspannung und ein Mangel an Aufmerksamkeit sind dagegen dadurch gekennzeichnet, dass das Gehirn Alpha-Wellen ausstrahlt.

Womit werden Alpha-Wellen außerdem in Verbindung gebracht? Studien, u.a. von Professor Flavio Frohlich, haben gezeigt, dass Alpha-Wellen mit einem verbesserten Gedächtnis, kreativem Denken und insgesamt erhöhter Zufriedenheit in Verbindung gebracht werden.

Vielleicht ist das der Grund, warum Meditation und das Praktizieren von Achtsamkeit heutzutage so stark gepusht werden. Sie verlangsamen Sie absichtlich und versetzen Sie in einen Zustand, in dem Alpha-Wellen freigesetzt werden, die mehr Glück und Lebenszufriedenheit auslösen. Die meisten Top-Performer der Welt, wie z.B. CEOs, erwähnen immer wieder Meditation als einen wichtigen Teil ihrer täglichen Routine – das ist wahrscheinlich der Grund. Die Fähigkeit, Dinge auszublenden, erlaubt es ihnen, im entscheidenden Moment auf ihrem Höhepunkt zu funktionieren, wie ein Aufladen der Batterie in der Mitte des Tages.

Für die Überflieger da draußen geht es nicht unbedingt darum, eine Pause zu machen, nur um ein paar Alpha-Wellen zu erzeugen. Betrachten Sie es nicht als Ruhe, sondern als Erholung, damit Sie bereit sind, wenn Sie wirklich kreativ denken müssen.

Wir wissen instinktiv, dass wir schlafen, uns dehnen und unseren Körper aufwärmen müssen, wenn wir einen sportlichen Wettkampf haben, aber wir vernachlässigen, dasselbe für unseren Geist zu tun. Wenn Sie sich mehr entspannen und gar nichts tun, gelangen Sie in einen Zustand, in dem Sie Ihren Gedanken freien Lauf lassen können, und Sie kommen auch aufgeladen und erfrischt zurück.

Erlauben Sie sich, zu träumen, denn wann war das letzte Mal, dass Ihre Tagträume langweilig und routinemäßig waren, anstatt kreativ und ausgefallen? Wenn Sie eine Pause brauchen, widerstehen Sie dem Drang, Ihr Telefon in die Hand zu nehmen und durch Ihre sozialen Medien zu scrollen. Bauen Sie bewusst etwas "leeren" Raum in Ihren Zeitplan ein, damit sich Ihr Gehirn entspannen und erholen kann und vielleicht sogar beginnt, all die sensorischen Daten zu verdauen, mit denen Sie es jeden Tag vollstopfen. Sie müssen keine große Sache aus der Entspannung machen. Halten Sie einfach inne und geben Sie sich selbst die Chance, Luft zu holen, sich nach innen zu wenden und innerlich still zu werden. Einfach ins Leere zu starren, könnte eine bessere Nutzung Ihrer Zeit sein!

Wichtige Erkenntnisse:

- Minimieren Sie die Ablenkungen in Ihrer Umgebung. Es stellt sich heraus, dass das Sprichwort „aus den Augen aus dem Sinn" tatsächlich Ablenkungen reduziert – also halten Sie nichts Stimulierendes in der Nähe Ihres Arbeitsplatzes, sonst wird sich Ihre Willenskraft langsam erschöpfen.
- Legen Sie, wo immer möglich, Standardaktionen an. Das ist der Weg, der Sie am einfachsten und mit dem geringsten Widerstand vorantreibt. Dies geschieht auch durch Kuratieren und Gestalten Ihrer Umgebung für Produktivität.
- Singletasking ist ein wichtiges Konzept, weil es die Schwächen des Multitasking eindeutig belegt. Wenn Sie von Aufgabe zu Aufgabe wechseln, erzeugen Sie einen Aufmerksamkeitsrückstand. Das bedeutet, dass Sie eine Weile brauchen, um sich auf jede neue Aufgabe einzustellen, selbst wenn Sie bereit mit ihr vertraut waren. Sie können dies durch Singletasking und auch durch Batching beseitigen, d. h. wenn Sie alle ähnlichen Aufgabentypen zusammen erledigen, um Ihre geistige Effizienz zu nutzen.

- Eine "Don't-do"-Liste kann genauso mächtig sein wie eine "To-do"-Liste, weil uns selten gesagt wird, was wir ignorieren sollen. Infolgedessen können diese Ablenkungen oder schleichenden Zeitfresser in unseren Raum eindringen, ohne dass wir überhaupt wissen, dass wir überlistet werden. Nehmen Sie Aufgaben auf, bei denen Sie nicht weiterkommen, Fortschritte machen oder die nicht weiterhelfen.

- Die 40-70-Regel besagt, dass Sie Untätigkeit durch die Menge an gesuchten Informationen besiegen. Wenn Sie weniger als 40% an Informationen haben, handeln Sie nicht. Wenn Sie aber 70% haben, müssen Sie handeln. Sie werden nie 100% haben, und die Chancen stehen gut, dass 70% mehr als ausreichend sind – den Rest lernen Sie sowieso auf dem Weg.

- Schließlich möchten Sie vielleicht von Zeit zu Zeit nichts tun. Das ist Ruhe und Entspannung – aber Sie sollten es als mentale Erholung betrachten. Was macht ein Sportler zwischen Rennen oder Wettkämpfen? Genau – sie erholen sich, damit sie wieder bereit sind, wenn es weitergeht.

Kapitel 7: Tödliche Fallstricke

In der Wissenschaft des Durchhaltens gibt es eine massive Anzahl von Fehlern, die Sie machen können und die Sie Ihren Fortschritt kosten können.

Nehmen Sie Michael. Michael ist auch nur ein Mensch. Daher machte er einige Fehler bei der Umsetzung, als er seine freiberufliche Beratungsfirma von zu Hause aus gründete. Er glaubte, dass die Gründung seines Unternehmens sein Leben über Nacht verändern würde. Er stellte sich vor, tonnenweise Geld für minimale Arbeit zu bekommen, viel Zeit zu haben, um mit seiner neugeborenen Tochter zu spielen, und sogar Zeit zu haben, ins Fitnessstudio zu gehen und sich wie Arnold aufzupumpen. Er stellte sich vor, dass er ohne Chef eine Menge Freizeit haben würde.

Die Wochen vergingen und er tat nichts von alledem. In der Tat fühlten sich seine Erwartungen so extrem an, dass sie einschüchternd und entmutigend waren.

Dies wird als *Syndrom der falschen Hoffnung* bezeichnet. Michael dachte, er würde viel mehr erreichen, als menschenmöglich war. Sein anderer Fehler war, dass er sich selbst und seine Arbeitsweise nicht richtig kennengelernt hat. Er versuchte, sich einen unrealistischen Zeitplan aufzuerlegen, der einfach nicht zu seinem natürlichen Tagesrhythmus und seinen Arbeitsvorlieben passte.

Das Syndrom der falschen Hoffnung tritt auf, wenn Sie denken, dass Sie alles auf Ihrer To-Do-Liste erledigen und Ihre Träume in kurzer Zeit erreichen können. Sie versprechen sich selbst oder einem Kunden das Blaue vom Himmel. Sie stellen sich vor, dass alles, was es braucht, ein wenig Selbstvertrauen ist, um Quantensprünge zu machen. Dann sind Sie schwer enttäuscht, wenn Sie nicht liefern können, und diese großen Erwartungen haben sich tatsächlich negativ auf Ihren Arbeitsgeist ausgewirkt. Sie führen dazu, dass Sie zurückschrecken und mehr Angst vor dem Misserfolg haben, den Sie gerade erlebt haben, und Sie enden vielleicht in einem schlechteren Zustand, als Sie am Anfang waren.

Michael war extrem enttäuscht über das Ausbleiben großer Lebensveränderungen, die er sah, als er sein Geschäft gründete. Sein Leben änderte sich nicht auf magische Weise über Nacht. Er hatte nicht die Energie für all die Veränderungen, die er vorhatte. Außerdem hasste er die Arbeit, weil er dem falschen Zeitplan folgte. Er begann, mit der Arbeit in Rückstand zu geraten und zu prokrastinieren, um die Aufgaben zu vermeiden, die er verabscheute. Er versuchte, morgens zu arbeiten, während er drei Tassen Kaffee trank, und stellte fest, dass er einfach nicht funktionieren konnte.

Nach einer Weile beschloss Michael, sich genau anzuschauen, was er zu tun versuchte und wie er dabei scheiterte. Er passte seinen Zeitplan besser an seinen Lebensstil an und hörte auf, so früh am

Morgen zu arbeiten, nachdem er mit seiner Tochter, die noch keinen normalen Schlafzyklus erreicht hatte, lange aufbleiben musste. Er fand heraus, wie er nur an wenigen Zielen gleichzeitig arbeiten konnte und nahm sich bei jeder Gelegenheit Zeit für seine Ziele.

Plötzlich fühlte sich Michael besser und arbeitete besser. Das Leben war einfacher, da er in eine angenehmere und realistischere Routine fiel. Er war nicht mehr so überwältigt und enttäuscht, so dass er die Arbeit nicht länger verachtete oder aufschob. Und natürlich war die geheime Zutat auch *Zeit*. Michael war in der Lage zu erkennen, dass seine Erwartungen viel zu hoch waren und dass, wenn er sich auf kleine, schrittweise Veränderungen konzentrierte, die Dinge allmählich ihren Platz einnahmen.

Wie Michael, machen wir alle Fehler. Aber wenn Sie lernen, welche Fehler Sie vermeiden sollten, gewinnen Sie einen Vorsprung vor anderen. Wenn Sie diese häufigen Fehler vermeiden, werden Sie Ihre Selbstdisziplin und Ihre Willenskraft in

Bezug auf das Durchziehen nicht
überstrapazieren.

Syndrom der falschen Hoffnung

Das Syndrom der falschen Hoffnung, was
Michael hatte, ist, wenn Sie die
Veränderungen, die Sie machen können,
überbewerten. Sie setzen unrealistische
Erwartungen an das, was Sie tun können
und an die Geschwindigkeit, Anzahl und
Leichtigkeit der Veränderungen, die Sie in
Ihrem Leben vornehmen wollen. Auf einer
tieferen Ebene gehen Sie vielleicht davon
aus, dass bestimmte Veränderungen oder
Errungenschaften eine weitaus größere
Wirkung auf Ihr Glück haben werden, als sie
es vernünftigerweise können. Sie stellen
sich z. B. vor, dass, sobald Sie endlich Ihren
Abschluss gemacht oder große Schulden
abbezahlt haben, das Leben plötzlich ganz
bunt wird und all Ihre anderen lästigen
Probleme einfach verschwinden.

Wenn Sie nicht alles erreichen können, was
auf Ihrer Liste der gewünschten
Veränderungen steht, oder der Effekt nicht
ganz so ist, wie Sie es sich vorgestellt haben,
kann die Enttäuschung eine starke

211

Gegenreaktion hervorrufen. Irgendwie scheint das Problem größer als je zuvor, und plötzlich ist es so, als könnten Sie die Distanz zwischen Ihnen und Ihrem Ziel niemals überwinden.

Selbst wenn Sie eine extrem starke Selbstdisziplin und den Wunsch haben, sich zu ändern, werden Sie bei zu hoher Erwartungshaltung scheitern. Planen Sie angemessene Erwartungen und finden Sie heraus, was Sie tatsächlich erhoffen können. Lernen Sie, unrealistische Hoffnungen loszulassen und Erwartungen zu setzen, die Sie tatsächlich erreichen oder erfüllen können.

Ein Beispiel dafür könnte sein, dass Sie denken, dass Sie auf magische Weise in der Lage sein werden, Ihre Arbeitsgewohnheiten zu ändern, obwohl Sie in der Vergangenheit versucht haben, die gleichen Dinge zu tun und gescheitert sind. Sie erwarten zum Beispiel, mit Ablenkungen und Multitasking mehr zu schaffen, obwohl das bei Ihnen noch nie funktioniert hat. Ihre Herangehensweise zu ändern und nicht zu glauben, dass Sie zu viel Selbstveränderung initiieren können, ist wesentlich, um erfolgreich zu sein. Es verhindert, dass Sie in alte Gewohnheiten fallen und sich selbst enttäuschen.

Bei falscher Hoffnung geht es darum, Ihre Erwartungen zu kontrollieren. Wenn Sie realistische Hoffnungen haben, können Sie tatsächlich etwas erreichen, was zu Selbstvertrauen, Kompetenz und Können führt. Alles andere bedeutet nur, dass Sie sich auf Herzschmerz und Versagen einstellen, was tendenziell nicht produktiv ist. Schießen Sie nicht zu hoch, aber auch nicht zu niedrig, sonst werden Sie gelangweilt und verlieren das Interesse. Denken Sie einfach daran, dass Ihre Ziele ganz anders sein können als Ihre Erwartungen.

Überdenken

Ein weiterer Fehler ist das *Überdenken*. Überdenken ist ein stiller Killer von Freude, Hoffnung und Vernunft. Es tötet Ihre Positivität und den Wunsch, weiterzumachen. Übermäßiges Denken führt unweigerlich dazu, dass Sie sich auf das Negative fixieren, weil es so leicht zu finden ist, und Ihr gesamtes Weltbild wird schließlich dunkel.

Überdenken ist so verlockend, weil es den Fortschritt imitiert. Schließlich denken Sie über die Arbeit nach und recherchieren, um die beste Entscheidung zu treffen. Sie denken, dass Sie proaktiv sind. Aber in Wirklichkeit behindert das Überdenken Sie stillschweigend, und dies ist ein weiteres klassisches Beispiel für bloße Bewegung statt tatsächlicher Aktion.

Überdenken kommt oft vor, wenn Perfektionismus die Oberhand gewinnt. Sie ziehen zu viele Optionen in Betracht und recherchieren zu viel, was Ihre Fähigkeit einschränkt, eine exekutive Entscheidung zu treffen. Weil Sie so besessen vom idealen Ergebnis sind und weil Sie nicht aufhören können, all die weniger als idealen Möglichkeiten in Betracht zu ziehen, kommen Sie nie richtig in Gang. Sie verschwenden Zeit damit, Nachforschungen anzustellen und Pläne für Dinge zu schmieden, die nicht wirklich wichtig sind, anstatt einen Fuß vor den anderen zu setzen und Ihre Trägheit zu beseitigen.

Indem Sie zu viel nachdenken, frieren Sie Ihre Fähigkeit ein, Entscheidungen zu treffen. Der Psychologe Barry Schwartz schlägt vor, dass ein *Paradoxon der*

Wahlmöglichkeiten schädlich ist, weil es zu einer Paralyse durch Analyse führt. Seine Studien zeigen, dass mehr Auswahlmöglichkeiten tatsächlich dazu führen, dass Menschen Angst entwickeln und eine Entscheidung auf lange Sicht vermeiden. Weniger Wahlmöglichkeiten zu haben, hilft den Menschen, diese einzugrenzen.

Stellen Sie sich vor, Sie gehen zu Walmart und stehen vor dem Kauf eines neuen Druckers für Ihr Büro. Sie stehen vor der Wand mit Druckern, die alle großartig beworben werden und mit so vielen Funktionen prahlen, dass Sie überwältigt sind und sich nicht für einen Drucker entscheiden können. Sie geraten in Panik und kaufen den erstbesten, den Sie sehen. (Oder Sie gehen nach Hause, ohne einen zu kaufen, obwohl Sie ihn brauchten.)

Sie haben so viel Zeit damit verschwendet, über Drucker nachzudenken, und am Ende haben Sie die gewonnenen Informationen nicht einmal genutzt, weil Sie überwältigt wurden. Sie können sich nicht entscheiden, weil zu viele Informationen Ihr Gehirn überfordern. Dies ist ein perfektes Beispiel dafür, wie übermäßiges Nachdenken Ihre

Fähigkeit, etwas durchzuziehen und auszuführen, beeinträchtigt. Noch schlimmer ist es, wenn Sie mit einem einwandfreien Drucker nach Hause kommen, aber das nagende Gefühl haben, dass Sie vielleicht einen besseren hätten kaufen können. Mit anderen Worten: Selbst wenn Sie eine gute Wahl treffen, können Ihnen zu viele Optionen in die Quere kommen.

Anstatt also zu viel nachzudenken, sollten Sie den Schwerpunkt auf das Handeln legen. Die meisten Aktionen sind umkehrbar – Sie können einen Drucker einfach zu Walmart zurückbringen. Aber Sie werden keine weiteren Informationen gewonnen haben, wenn Sie am selben Ort bleiben, ohne sich zu bewegen.

Sie können auch die Auswahlmöglichkeiten, die Sie sich selbst geben, und das Kriterium, das Sie verwenden, einschränken. Konzentrieren Sie sich auf die wichtigsten Dinge, die Sie brauchen, und finden Sie die einfachste Wahl, die Ihre Bedürfnisse erfüllt. Fallen Sie nicht in den Kaninchenbau, in dem Sie obsessiv auf Google recherchieren oder Tausende von Marken vergleichen, um die beste zu finden.

Die Chancen stehen gut, dass 90% von ihnen genau das tun, was Sie wollen, mit nur geringen Abweichungen. Worüber denken Sie also wirklich nach?

Wenn Sie mit dem Kauf eines neuen Bürodruckers beauftragt sind, bestimmen Sie drei Eigenschaften, die Ihr Büro von einem Drucker erwartet. Dann gehen Sie zu Walmart und kaufen den billigsten, der alle diese Anforderungen erfüllt. Setzen Sie Scheuklappen auf, so dass nichts anderes wichtig ist. Dies ist ein klassisches Beispiel dafür, dass Sie Ihre Informationsaufnahme einschränken und absichtlich ignorant sind. Überdenken kann sich einschleichen, weil wir keine Klarheit darüber haben, worauf es ankommt; wenn Sie diese also artikulieren können, sehen Sie plötzlich klare Entscheidungen.

Sorge

Die Sorge ist eng mit dem Überdenken verbunden und ist der dritte mächtige Fehler, den Sie beim Durchziehen machen können.

Wenn Sie sich Sorgen machen, grübeln Sie über echte oder eingebildete Probleme nach. Das holt Sie aus der Gegenwart heraus, über die Sie Kontrolle haben, und versetzt Sie in die Zukunft oder Vergangenheit, über die Sie null Kontrolle haben. Sorge ist nicht die nützliche Art von Angst, die uns hilft, uns besser auf reale Möglichkeiten vorzubereiten. Stattdessen ist es eine Art passive, vage, emotionale Reaktion, die uns entmachtet und ineffektiv macht.

Sich Sorgen zu machen, raubt Ihnen die Kontrolle und die Gelassenheit, aber zu handeln und sich auf die Gegenwart zu konzentrieren, stärkt Sie, da Sie die Dinge jetzt erledigen können. Versuchen Sie, Ihre Denkweise auf Aktionen und Lösungen statt auf Probleme und Fehler umzustellen. Außerdem konzentrieren Sie sich durch Sorgen auf Dinge, die vielleicht gar nicht real sind und die Sie nicht ändern können, und Sie wenden Zeit und Energie für diese Sorgen auf, die Sie stattdessen für die Arbeit verwenden könnten.

Es ist eine große Aufgabe, jemandem zu sagen, dass er sich weniger Sorgen machen soll. Aber die Wahrheit ist, dass Sorgen Sie zweimal leiden lassen – einmal während des Sorgens und dann noch einmal, wenn das gefürchtete Ereignis tatsächlich eintritt. Und wenn es nicht eintritt, haben Sie einfach nur ohne Grund gelitten. Wenn Sie sich dabei ertappen, dass Sie ständig denken: „Was wäre, wenn...?", dann müssen Sie vielleicht tatsächlich etwas unternehmen, das Ihnen hilft, es herauszufinden! Treffen Sie eine Entscheidung, sammeln Sie konkrete Informationen, oder schauen Sie sich genauer an, wovor Sie Angst haben. Manchmal kann das Ergreifen von Maßnahmen die Angst lindern, weil es Ihnen die Kontrolle zurückgibt und Ihre Perspektive bequem wieder auf das begrenzt, was realistisch vor Ihnen liegt.

Sich zu sorgen kann sich auch als Produktivität ausgeben, aber auch hier ist es eine Verschwendung. Es ist eine Menge Energie, die ausgegeben wird, um nirgendwo hinzukommen. Konzentrieren Sie sich auf das, was Sie kontrollieren können und wozu Sie etwas tun können. Konzentrieren Sie sich auf Dinge, die real sind und passiert sind, nicht auf imaginäre Ergebnisse oder Szenarien, die vielleicht nie eintreten werden. Tun Sie das, was Sie im Moment tun können, denn das ist alles, was

Sie kontrollieren können; tragen Sie dabei eine Haltung des Handelns und der Kontrolle und nicht der Angst.

Kennen Sie sich selbst

Der letzte große Fehler, den viele Menschen machen, ist, sich selbst nicht kennenzulernen. Wenn Sie sich selbst kennen, können Sie herausfinden, wie Sie am besten arbeiten und die vorteilhaftesten Umgebungen für sich selbst schaffen.

Nicht alle Menschen arbeiten auf dieselbe Weise. Ein Mann mag vielleicht einen detaillierten Zeitplan, der jeden Teil seines Tages festlegt, während ein anderer Mann Freiraum und Spontaneität braucht. Eine Frau braucht vielleicht eine ruhige Umgebung, in der sie alleine arbeiten kann, während eine andere Frau Freunde und ein soziales Arbeitsumfeld braucht, um sich zu entfalten.

Wie Michael herausfand, sollten Sie sich keine unrealistischen oder unpassenden Zeitpläne, Ideale oder Umgebungen auferlegen und erwarten, dass Sie erfolgreich sind. Finden Sie heraus, was für Sie am besten ist, und setzen Sie das dann um, um erfolgreich zu sein. Sie können nur dann am besten arbeiten, wenn Sie sich in Ihrer besten Umgebung befinden. Finden Sie heraus, was diese Umgebung ist, anstatt sich zu zwingen, sich an etwas anzupassen, das nicht zu Ihnen passt und Sie stattdessen unglücklich macht und Ihre Produktivität behindert.

Wenn Sie Ihre Vorlieben und Stärken zu Ihrem Vorteil nutzen, ist es wahrscheinlicher, dass Sie Ihre Ziele erreichen. Das liegt daran, dass Sie sich selbst erlauben, zu Ihrem Besten zu arbeiten, zu Ihrem Höhepunkt. Sie kämpfen nicht gegen sich selbst und arbeiten stattdessen in Ihrem Flow und greifen auf Ihre Stärken zurück. Sie machen sich nicht selbst unglücklich, indem Sie die Erfolgsformel von jemand anderem befolgen.

Das hängt stark mit angemessenen Erwartungen zusammen. Aber in diesem Fall sind die Erwartungen, über die wir sprechen, nicht für die anstehende Aufgabe, sondern für uns selbst. Manchmal haben wir eine Vision von unserem erfolgreichen Leben, die, um ehrlich zu sein, ein wenig ungenau ist. Wir machen Annahmen darüber, was uns gefallen wird und warum, und wie wir uns verhalten werden. Wenn es darauf ankommt, können wir jedoch mit einiger Überraschung feststellen, dass wir uns tatsächlich falsch eingeschätzt haben. Zum Beispiel stellen wir vielleicht fest, dass uns ein Teil eines neuen Jobs nicht so gut gefällt, wie wir es uns vorgestellt haben. Das ist nicht wirklich ein Versagen, sondern einfach ein Missverständnis – ein Versäumnis, die einzigartige Person zu erkennen, die Sie sind, und wie Sie auf Ihre Ziele hinarbeiten können, während Sie dies respektieren.

Hören Sie auf, sich und andere dafür zu verurteilen, dass sie anders sind. Wir sind alle anders. Unsere Produktivität ist sehr zerbrechlich und braucht besondere Pflege, um zu gedeihen. Gönnen Sie sich das, was Ihnen hilft zu gedeihen, wenn Sie durchhalten wollen. Um dies zu tun, müssen Sie bewusst (und nicht wertend) darauf achten, wie es Ihnen tatsächlich geht. Sie müssen ehrlich darüber sein, was funktioniert und was nicht.

Finden Sie heraus, zu welchen Zeiten Sie tagsüber am besten arbeiten und arbeiten Sie dann zu diesen Zeiten. Lassen Sie sich nicht von anderen dafür verurteilen, dass Sie nicht vor 8:00 Uhr morgens funktionstüchtig sind oder bis spät in die Nacht arbeiten. Wenn Sie zu Ihrer besten Zeit arbeiten, werden Sie produktiver sein und leichter durchhalten können, weil Sie Ihre Energie dann einsetzen, wenn Sie am meisten davon haben. Versuchen Sie nicht, früh am Morgen zu arbeiten, wenn Sie kein Morgenmensch sind, denn das wird nur zum Scheitern führen.

Es gibt eine weitere Komponente, um sich selbst kennenzulernen: die Diagnose, warum Sie versagen, und die Behebung des zugrunde liegenden Problems. Es geht darum, die Ursache und die Quelle Ihrer mangelnden Konsequenz zu diagnostizieren, damit Sie sie angehen können. Nur wenn Sie die Ursache Ihrer mangelnden Konsequenz feststellen, können Sie tatsächlich etwas dagegen tun.

Machen Sie nicht den häufigen Fehler, ein Versagen auf die falsche Ursache zurückzuführen, sonst werden Sie nie in der Lage sein, das Problem anzugehen und zu beheben. Das kann schwierig sein, weil so viele Leute da draußen Ihnen Ratschläge geben oder Ihre Probleme für Sie diagnostizieren wollen. Jeder hat eine Theorie, aber Sie kämen nicht weiter, wenn Sie einfach auf all die wohlmeinenden Gurus und Experten da draußen hören würden, ohne vorher zu entscheiden, ob es für *Sie* persönlich Sinn macht.

Seien Sie Sherlock Holmes, wenn Sie Probleme mit der Umsetzung haben. Verwenden Sie die Kraft der Deduktion, um herauszufinden, was falsch ist und warum Sie nicht produktiv sind. Vielleicht lesen Sie gerade ein weiteres Zeitmanagement-Buch, obwohl Sie eigentlich einen Kalender führen und keine Zeit mit Büchern verschwenden sollten. Vielleicht versuchen Sie, alles zu organisieren und zu beschriften, obwohl Sie in Wirklichkeit einfach zu viel Zeug haben und einiges davon loswerden müssen. Vielleicht sind Sie entmutigt, so dass Sie prokrastinieren und dadurch immer wieder scheitern und sich wundern, warum Ihre Entmutigung immer größer wird.

Überlegen Sie wirklich, wie Sie sich fühlen, wenn Sie etwas nicht zu Ende bringen. Betrachten Sie Ihre Gefühle während der Anfangsphase eines Projekts und sehen Sie, ob Sie sich überfordert fühlen oder Dinge zu lange aufschieben, um sie vernünftig zu Ende zu bringen. Warum geben *Sie* konkret auf? Wenn Sie den Grund gefunden haben, können Sie herausfinden, wie Sie eine der Regeln oder Geisteshaltungen in diesem Buch anwenden können, um das Problem zu beheben.

Haben Sie keine Angst zu entdecken, dass etwas, das Sie ausprobiert haben, nicht wirklich funktioniert. Wenn Sie wirklich aufgeregt waren, einen neuen Schlafrhythmus auszuprobieren oder einen neuen Kurs begonnen haben, von dem Sie dachten, dass Sie ihn brauchen, könnten Sie sich enttäuscht oder beschämt fühlen, wenn es ein paar Wochen oder Monate später nicht funktioniert. Schauen Sie sich Ihre Ergebnisse ruhig und neutral an, machen Sie eine Autopsie, was passiert ist und warum, und geben Sie sich dann die Erlaubnis, zu etwas Besserem überzugehen, falls nötig. Und machen Sie sich keine Vorwürfe – wie hätten Sie sonst herausfinden sollen, dass es nicht der richtige Weg war?

Misserfolg passiert, und es wird passieren. Es ist nicht das Ende der Welt. Es ist sicherlich nicht das Ende der Produktivität.

Aber Misserfolg ist nur dann nützlich, wenn wir die Ursache kennen. Wenn wir die Ursache erkennen, können wir sehen, wie wir sie beheben und wiederholte Fehlschläge in der Zukunft vermeiden können. Wenn wir das nicht tun, sind wir dazu verdammt, unsere Fehler zu wiederholen, bis wir erkennen, was wirklich los ist. Vermeiden Sie Zeitverschwendung, indem Sie die Gründe für Ihr Scheitern frühzeitig erkennen. Wenn Sie die Situation proaktiv in den Griff bekommen, ist es gar kein Misserfolg, sondern Teil Ihres Lernens.

Wichtige Erkenntnisse:

- Die Fallstricken beim Durchziehen und Beenden dessen, was man anfängt? Zu viele, um sie zu aufzulisten. Aber einige wenige in diesem Kapitel sind stärker und gefährlicher als die meisten.
- Das Syndrom der falschen Hoffnung ist, wenn Sie erwarten, dass Sie sich in einem unrealistischen Ausmaß verändern oder verbessern können. Ein Perfektionist zu sein ist verlockend, weil wir denken, dass diese Einstellung uns helfen wird, *mehr* zu erreichen – *falsch*!

Wenn Sie dieses Ziel unweigerlich verfehlen, gibt es eine sehr reale Rückwirkung, die dazu führt, dass Sie noch weniger motiviert und diszipliniert sind als vorher. Um dem entgegenzuwirken, setzen Sie richtige Erwartungen, die auf Ihrer Vorgeschichte basieren, und verstehen Sie den Unterschied zwischen Zielen und Erwartungen.

- Überdenken ist heimtückisch, weil es sich wie Handeln anfühlt und es fühlt sich sogar produktiv an. Ist es aber nicht. Überdenken ist, wenn Sie sich fixieren und nicht den ersten Schritt zum Handeln machen können. Konzentrieren Sie sich auf die wichtigen Details, ignorieren Sie absichtlich alles andere, und Sie werden viel mehr Klarheit spüren. Machen Sie sich auch klar, dass Handeln immer mehr wert ist als Mutmaßungen – selbst wenn Sie scheitern.

- Sorgen machen Sie sich, wenn Sie sich auf etwas fixieren und unweigerlich anfangen, die negativen Szenarien und Fallstricke zu entwerfen. Sorgen machen Sie sich aber auch, wenn Sie sich auf Dinge fixieren, die Sie nicht kontrollieren können, während Sie ignorieren, was Sie kontrollieren können – die Gegenwart. Die Lösung ist, sich auf das zu konzentrieren, was Sie jetzt und nur jetzt tun können.

- Kennen Sie sich selbst? Nun, wie sieht es mit der Produktivität aus und wie Sie am besten arbeiten? Sie können Tageszeit, Umgebung, Einstellung und so weiter berücksichtigen. Aber Sie sollten bedenken, dass sich selbst zu kennen auch die Fähigkeit ist, sich selbst zu betrachten und zu verstehen, warum Sie vielleicht versagt haben oder zu kurz gekommen sind. Es ist die Fähigkeit zur Selbstdiagnose und Selbsterkenntnis. Hören Sie auf die Ratschläge anderer, aber denken Sie daran, dass Sie ein Individuum sind und dass das, was funktioniert, das ist, was für *Sie* funktioniert.

Kapitel 8. Tägliche Systeme für den Erfolg

Ned gründete seine eigene Software-Beratungsfirma. Er war begeistert, sein eigener Chef zu sein, und ahnte nicht, dass er Probleme haben würde, Kunden zu verwalten, E-Mails zu beantworten, Leads zu generieren, Rechnungen zu verschicken, seine Beratungsarbeit zu erledigen und so weiter!

Am Anfang lief alles in Neds Geschäft großartig. Er wachte früh auf, beantwortete E-Mails und verschickte Newsletter, um Leads zu generieren. Dann würde er zu seiner normalen Arbeit gehen. Wenn er Freizeit hatte, bearbeitete er wieder E-Mails. Bis spät in die Nacht würde er arbeiten und versuchen, sich zu vermarkten, während er gleichzeitig an seinen verschiedenen Projekten arbeitete.

Doch als sein Geschäft Fahrt aufnahm, war sein Posteingang plötzlich überschwemmt! Seine Liste der Projekte wurde länger und länger. Plötzlich war er völlig überwältigt. Er hatte mindestens 12-Stunden-Tage und kämpfte damit, E-Mails zu bearbeiten, Kunden zu kontaktieren, Rechnungen rechtzeitig zu verschicken und Termine einzuhalten. Er fühlte sich, als würde er ertrinken. Verärgerte Kunden belästigten ihn und verlangten zu wissen, wo ihre Arbeit blieb!

Der Anblick seines Schreibtisches hätte Martha Stewart zum Weinen gebracht. Ned verbrachte bis zu 15 Minuten damit, nach wichtigen Papieren oder Notizen zu suchen, die er zu Projekten gemacht hatte. Sein Heimbüro war ein einziges Durcheinander. Der Raum, den er so fröhlich gestrichen und dekoriert hatte, war nun ein Gefängnis, in dem er fast seine gesamte Zeit verbrachte.

Ned selbst sah noch schlimmer aus. Er sah aus wie ein Zombie und ernährte sich von

Kaffee und Fast Food. Unter seinen Augen bildeten sich tiefe Säcke.

Dann erkannte er, dass er Leads und Geld verlor. Schlechte Bewertungen begannen sich auf seiner Website und seinem Freelancer-Profil zu stapeln. Es sah so aus, als würde seine Beratungsfirma scheitern.

Was hat Ned falsch gemacht? Es ist nicht so, dass er nicht hart gearbeitet hat oder keinen Erfolg hatte – es ist sogar fast so, als hätte er zu viel und zu schnell Erfolg gehabt. Das Problem war, dass er kein System benutzt hat. Er verließ sich auf sich selbst, um alles zu erledigen, und führte keinen Weg ein, seine Arbeit zu organisieren und zu rationalisieren, um sie einfacher zu machen. Er nahm sich zu viel auf einmal vor und versuchte, jeden Tag tonnenweise Ziele zu erreichen, ohne ein System zu verwenden, das diese Ziele einfacher machte. Darüber hinaus erkannte Ned nicht, dass Systeme sich anpassen und mit uns wachsen müssen, wenn wir sie brauchen.

Willenskraft ist bis zu einem gewissen Grad großartig. Sie brauchen sie sicherlich in Ihrem Leben, um das Beste aus sich herauszuholen. Aber wenn Sie sich allein auf Ihre Willenskraft und Selbstdisziplin verlassen, um erfolgreich zu sein, können Sie scheitern, wenn Sie sich zu stark darauf verlassen, weil Sie sich nicht über Ihr Maximum hinaus antreiben können. Sobald Sie Ihr Maximum erreicht haben, können Ihre Willenskraft und Selbstdisziplin Sie nicht mehr vorwärts treiben. Willenskraft und Selbstdisziplin sind wankelmütig und können zerbröckeln, wenn Sie überfordert sind.

Die Geschichte von Ned ist ein großartiger Einblick in das, was passiert, wenn man versucht, sich immer zu Dingen zu drängen, die man für den Erfolg im Leben tun muss. Das Gefühl zu überwinden, überwältigt und überarbeitet zu sein, ist nicht einfach. Sie müssen ein Organisationssystem schaffen, um Ihren Erfolg beständig zu machen, auch wenn Sie sich mürrisch und erschöpft fühlen. Mit anderen Worten: Willenskraft kann die kurze Zündung sein, die den Motor anwirft, aber Sie brauchen eine stetige Methode, um den Motor danach am Laufen zu halten, egal was passiert. Wenn Sie sich auf rohe Willenskraft verlassen, um alles zu schaffen, werden Sie schnell ausbrennen. Es ist ein Marathon, kein Sprint!

Besonders im Geschäftsleben wird es Tage geben, an denen die Trägheit zu groß ist und Sie keine Lust haben, die Aufgaben auf Ihrer To-Do-Liste zu erledigen. Es wird Aufgaben geben, vor denen Sie sich fürchten und deshalb nicht die nötige Willenskraft aufbringen können. Und es wird sogar Menschen geben, die versuchen, Ihren Erfolg zu blockieren, und Sie haben vielleicht nicht immer die Kraft, sie abzuwehren.

Hier kommen die täglichen Systeme ins Spiel.

Ein System ist eine Reihe von Aktionen, die Sie jeden Tag konsequent durchführen, um Ihren Erfolg zu rationalisieren und Ihre Ziele zu erreichen. Im Gegensatz zu Ihrer Selbstdisziplin und Willenskraft organisiert ein System Sie und hilft Ihnen, Ihre Aufgaben zu erfüllen, ohne dass Sie sich dazu zwingen müssen. Es ist wie eine Maschine, die von selbst läuft, durch die geheimnisvolle Kraft und den Schwung der *Gewohnheit*. Willenskraft und Selbstdisziplin hingegen bieten Ihnen nur die Kraft, sich zu zwingen, Dinge zu tun; sie geben Ihnen keine festgelegte Art und Weise, Dinge zu tun, oder eine stromlinienförmige Liste von Handlungen, die Sie erledigen müssen. Es mag funktionieren, aber es ist der harte Weg.

Ein System wird zur Routine, so dass Sie nicht darüber nachdenken müssen, was Sie tun müssen, sondern es einfach tun. Der Schlüssel zu einem System ist es, an Fortschritt und Konsistenz in Ihrem Leben zu arbeiten, im Gegensatz zur Arbeit an Zielen. Gehen wir zum Beispiel zurück zu Ned und überlegen, ob er hätte ein Zeitmanagementsystem verwenden sollen, um Aufgaben aufzuteilen und sich für jede Aufgabe Zeit zu nehmen. Er hätte die Dinge automatisieren können, so dass er alle seine Aufgaben zeitnaher und mit weniger Stress, Desorganisation und Verwirrung hätte erledigen können.

Hätte Ned ein paar einfache tägliche Systeme in seine Herangehensweise an sein Geschäft implementiert, wäre er erfolgreicher gewesen. Ned verließ sich zu sehr auf seine Selbstdisziplin. Er konnte sich einfach nicht dazu zwingen, so viel Arbeit alleine zu erledigen. Wenn er am

Maximum arbeitete, brannte er aus und begann zu scheitern.

Perspektivisch gesehen ist ein Ziel ein Gegensatz zu einem System, weil Ziele eine Rolle in Systemen spielen. Systeme sind einfach Mittel und Wege, um sicherzustellen, dass Sie die notwendigen Maßnahmen ergreifen, um ein Ziel zu erreichen. Sie sind nicht auf eine Sache beschränkt, wie es bei Zielen der Fall ist, sondern gelten für alles, was Sie in Ihrem Bestreben tun müssen. Sobald Sie ein Ziel erreicht haben, können Sie leicht zum nächsten übergehen, indem Sie einfach Ihrem System folgen. Systeme werden Sie durch jedes einzelne Ziel tragen, das Sie sich setzen.

Systeme schützen Sie auch vor Misserfolg, selbst wenn Sie ein Ziel nicht erreichen. Nehmen wir an, Ihr Tagesziel ist es, 1000 Wörter für einen Antrag zu schreiben. Sie verwenden ein System, das Ihnen hilft, die Arbeit zu erledigen, aber Sie erreichen die 1000-Wortmarke nicht. Das ist völlig in Ordnung, denn Sie haben trotzdem etwas geschrieben. Ein System ermöglicht es Ihnen, einen besseren Ausgangsort zu erreichen, selbst wenn Sie Ihr genaues Ziel nicht erreichen. Von diesem besseren Ausgangsort aus ist es sogar einfacher, weiterzumachen und später Ihr endgültiges Ziel zu erreichen. Jeder Tag ist eine Chance, Ihrem Endziel immer näher zu kommen, wenn Sie ein gutes System haben.

Ned konzentrierte sich darauf, jeden Tag eine Reihe von Zielen zu erreichen, z. B. neue Leads zu generieren und Projekte abzuschließen. Er implementierte keine Art von System, das ihn dazu zwang, die notwendigen Aktionen für seine Ziele jeden Tag zu einer bestimmten Zeit durchzuführen. Dies ist ein häufiger Fallstrick für Kleinunternehmer, besonders in der Anfangszeit. Wenn Sie der alleinige Unternehmer sind, kann es schwierig sein, die Kontrolle an ein System zu übergeben, egal ob es von Ihnen oder jemand anderem implementiert wurde, da Sie noch im "Pioniermodus" sind und alles selbst überwachen wollen.

Hätte er ein System implementiert und seine Arbeit strukturiert, hätte er seine Ziele zeitnah angehen können, anstatt im Chaos zu arbeiten und sich selbst zu erschöpfen. Dann hätte sein Geschäft gedeihen können, da er neue Kunden gewonnen und gleichzeitig alte zufriedengestellt hätte.

Das Erstellen von Systemen beginnt damit, ein übergeordnetes Ziel vor Augen zu haben. Dann können Sie das Gerüst bauen, das Sie dorthin bringt.

Führen Sie eine Punktetabelle

Die erste Art von System besteht darin, dass Sie eine detaillierte Punktetabelle führen. Der Kern dieses Systems ist, dass Sie viel motivierter sind, wenn Sie das Gefühl haben, dass Sie etwas *gewinnen* können. Sie müssen irgendeine Art von Gewinn sehen, um das Interesse an dem Projekt zu wecken. Deshalb wollen Sie eine Punktetabelle führen.

Menschen spielen am besten, wenn sie das Gefühl haben, zu gewinnen oder zu verlieren, also stellen Sie sicher, dass Sie Ihre Fortschritte sichtbar machen und gewinnen. Menschen spielen anders, wenn sie Punkte zählen. Wenn Sie nicht mitzählen, üben Sie nur. Fangen Sie also noch heute an, Punkte zu notieren, um sich und andere automatisch zu motivieren. Hier sind einige Dinge, die Sie tun können, um eine Punktetafel zu führen.

Erstens: Verfolgen Sie Ihren Fortschritt. Jedes Mal, wenn Sie etwas erledigt haben, haken Sie es auf Ihrer Liste ab. Wenn Sie sehen, dass Ihre Aufgaben abgehakt sind, haben Sie das Gefühl, dass Sie tatsächlich etwas geschafft haben. Eine große To-Do-Liste auf einem Whiteboard an der Wand kann Ihnen dabei helfen. Das ist so motivierend, weil die Leute visuell sehen können, dass sie Dinge erledigt bekommen – und wenn sie sehen, was sie erledigen, erkennen sie, dass das Ziel immer näher rückt.

Ein weiteres wichtiges Element dieses Systems ist es, kleine Siege für sich und Kollegen zu feiern. Je kleiner der Sieg, desto besser, weil es eine Chance ist, sich selbst und andere zu motivieren. Das erlaubt Ihnen auch, insgesamt eine größere Anzahl von Siegen zu haben, über die Sie sich freuen und mit denen Sie das Momentum feiern können. Feiern Sie jeden kleinen Sieg – sei es das Gewinnen eines neuen Kunden oder das Umgehen eines Hindernisses, dem Sie gegenüberstehen. Schaffen Sie einen freundschaftlichen Wettbewerb, um dieses Konzept anzukurbeln, selbst wenn Sie sich mit Ihrer eigenen vergangenen Leistung messen müssen.

Und schlussendlich sollten Sie immer eine ultimative Belohnung oder einen Anreiz am Ende des Projekts platzieren. Wenn Sie das gesetzte Ziel erreichen, belohnen Sie sich selbst. Eine Art von Belohnung für das Erreichen des Ziels kann Ihnen etwas geben, worauf Sie sich freuen können. Es wird Sie vorantreiben, selbst wenn Sie aufgeben wollen. Gönnen Sie sich z. B. einen Wellness-Tag, wenn Sie das Ziel erreicht haben, oder laden Sie Ihr Team zum Essen ein. Diese Mentalität ist der Grund, warum Boni gut funktionieren, um Mitarbeiter in Unternehmen zu motivieren.

Ein Beispiel, wie Sie dieses System in Ihr Arbeitsleben integrieren können, ist die Erstellung einer Liste mit Dingen, die Sie erreichen möchten. Wenn Sie einen Punkt auf der Liste abhaken, veranstalten Sie eine kleine Feier, z. B. eine Pizza-Party für das ganze Team. Achten Sie darauf, dass Sie am

Ende Anreize setzen, wie z. B. Boni oder einen Tagesausflug. Jeden Verkauf sollten Sie markieren und feiern. Betrachten Sie jeden Tag als eine Chance, mehr Punkte auf Ihrer Anzeigetafel zu sammeln.

Zeitmanagement

Ein Zeitmanagementsystem ist für jeden zum Erfolg unerlässlich. Wenn Sie wissen, wie Sie Ihre Zeit einteilen und wie viel Zeit Sie für jede Aufgabe aufwenden müssen, können Sie Ihre Ziele rechtzeitig erreichen. Zeitmanagement ist essentiell, weil es Ihnen hilft, Dinge bis zum Abgabetermin zu erledigen, und es motiviert Sie, Aufgaben durchzuziehen. Sie können realistische Erwartungen setzen, sobald Sie einen ungefähren Zeitrahmen für alles, was Sie tun, kennen.

Um ein gutes Zeitmanagement zu praktizieren, legen Sie zunächst eine Routine für Ihre Arbeit fest. Eine Routine ist ein System, mit dem Sie wissen, was Sie wann tun müssen. Sie wissen z. B., dass Sie um neun Uhr mit der Arbeit beginnen müssen. Berücksichtigen Sie beim Einrichten Ihrer Routine auch

Abgabetermine und andere zeitliche Verpflichtungen. Achten Sie darauf, dass Sie Zeit für Arbeit, Essen, Schlaf, Meetings und andere Verpflichtungen einplanen. Außerdem sollten Sie sich selbst nicht vernachlässigen, da Sie sonst an Ihre Grenzen stoßen und zu gestresst werden, um die Arbeit zu bewältigen. Achten Sie also auch auf Ihre Gesundheit, schlafen Sie gut und essen Sie gesund.

Schätzen Sie immer Ihren Zeitbedarf für ein Projekt ein. Fragen Sie sich: „Wie viel Zeit wird etwas erfordern?" Um eine bessere Vorstellung von Ihrem Zeitbedarf zu bekommen, können Sie sich selbst bei bestimmten Aufgaben messen, um eine Vorstellung davon zu bekommen, wie lange Sie bei Ihrem normalen, angenehmen Tempo für etwas brauchen. Mit einem guten Zeitmanagementsystem sollten Sie sich niemals hektisch oder gestresst fühlen. Achten Sie also darauf, dass Sie sich selbst bei der Erledigung von Dingen in einem Tempo Zeit lassen, das Sie nicht stresst und Ihnen etwas Spielraum für unvorhergesehene Probleme lässt, die dazu führen könnten, dass Sie mehr Zeit benötigen.

Lesen Sie Ihre täglichen Aufgaben zu Beginn des Tages durch. Schauen Sie auf den Planer wenn Sie zur Arbeit kommen oder nachdem Sie aufgewacht sind, um zu sehen, was für den Tag geplant ist. Dies hilft Ihnen, sicherzustellen, dass Sie Ziele rechtzeitig erreichen. Achten Sie darauf, Zeit für wichtige Termine einzuplanen sowie die Zeit, die Sie für Dinge benötigen, die mit Ihrem Geschäft zu tun haben, wie das Beantworten von E-Mails, die Teilnahme an Networking-Veranstaltungen und Strategiebesprechungen.

Minimieren Sie Ablenkungen, wann immer Sie arbeiten. Konzentrieren Sie sich auf eine Sache zur gleichen Zeit. Multitasking und Ablenkungen können Ihre Produktivität drastisch einschränken. Legen Sie z. B. eine bestimmte Zeit fest, um E-Mails zu beantworten, anstatt dies den ganzen Tag über E-Mails zu tun und sich von Ihrem Posteingang von der anstehenden Aufgabe ablenken zu lassen. Legen Sie auch eine bestimmte Zeit fest, in der Sie sich auf Marketing oder Networking konzentrieren.

Senken Sie Ihre Transaktionskosten

Transaktionskosten ist ein ökonomischer Begriff für die Kosten, die Sie aufwenden müssen, um auf dem Markt zu sein.

Wann immer Sie etwas tun, sind damit irgendwelche Kosten verbunden. Die Kosten können monetär sein, wie z. B. eine Investition, um ein Unternehmen zu gründen. Oder sie können emotional sein, wie z. B. die Angst, sich auf eine neue Geschäftsmöglichkeit einzulassen, ohne zu wissen, ob Sie Erfolg haben werden oder nicht. Oder es könnte sogar physisch sein und Ihre körperlichen Fähigkeiten und Ihre Arbeitskraft fordern. Dies sind einfach die Kosten bzw. Hindernisse, die Sie überwinden müssen, um das Spiel zu spielen.

Bauen Sie ein System auf, um diese Kosten zu Ihrem Vorteil zu manipulieren. Eliminieren Sie die Kosten, die Sie belasten, und machen Sie die Gewinne, die Sie wollen, bequem und einfach. Machen Sie es sich selbst schwerer, unproduktive Dinge zu tun, wie z.B. zu prokrastinieren, indem Sie die Kosten erhöhen, die solche Gewohnheiten für Sie verursachen. Senken Sie unterdessen die Transaktionskosten für Dinge, die Sie konsequenter tun wollen. Sie wollen gute Gewohnheiten, wie systematisches Arbeiten und Zeitmanagement, fördern, indem Sie sie für Sie einfacher machen, so dass sie weniger "kosten". Drehen Sie in der Zwischenzeit den Spieß um und machen Sie schlechte Gewohnheiten, wie Desorganisation, schlechtes Zeitmanagement und Prokrastination, zu teuer, um sie zu unterhalten.

Wenn Sie zum Beispiel besser organisiert sind, haben Sie weniger Stress und verbringen weniger Zeit mit der Suche nach Dingen, die Sie im Büro brauchen. Das macht es also einfacher, dieses Verhalten zu praktizieren. Finden Sie mühelose Mittel, um Ihr Büro zu organisieren, ohne zu viel Geld auszugeben und ohne zu viel Zeit zu benötigen. Verwenden Sie ein einfaches Farbsystem für Papiere und nutzen Sie Kartons, die im Haus herumliegen, um Papierkörbe zu erstellen, die Sie mit einem Sharpie deutlich beschriften. Das kostet fast nichts und erspart Ihnen doch so viel Ärger bei der Arbeit.

Beachten Sie, wie das organisierte Verhalten mit reduzierten Kosten einfacher wird und wie diese gute Gewohnheit das Erreichen Ihres Ziels erleichtert. Sie haben gerade Ihre Kosten gesenkt, indem Sie die Besteuerung des Unorganisiert-Seins reduziert haben. Außerdem haben Sie fast kein Geld und keinen Aufwand für die Organisation Ihres Büros aufgewendet.

Machen Sie unerwünschte Verhaltensweisen zu teuer. Trainieren Sie sich selbst, schlechtes Verhalten als etwas anzusehen, das zu teuer ist, um es auszuüben. Erhöhen Sie z. B. die Kosten für unproduktives Verhalten, indem Sie sich zwingen, fünf Treppen zu steigen, um zu rauchen oder Schokolade zu essen oder auf Ihrem Telefon zu surfen.

Schauen wir uns an, wie man Transaktionskosten generell manipulieren kann. Der erste Teil davon ist, dass gute Gewohnheiten nichts kosten dürfen. Die Belohnung muss größer sein als die Kosten für ein gutes Verhalten. Nur so können Sie sich selbst motivieren, positive Veränderungen vorzunehmen. Zum Beispiel können Sie es einfacher machen, organisiert zu sein, indem Sie weniger Geld für ein Organisationssystem für das Büro ausgeben, und Sie können es so einfach machen, Dinge im Büro zu finden, dass es den Stress bei der Arbeit reduziert.

Lassen Sie sich schlechte Gewohnheiten viel kosten. Sie werden sich eine schlechte Angewohnheit nicht antun wollen, wenn die Kosten den Gewinn überwiegen. Ein gutes Beispiel ist, Unproduktivität zu reduzieren, indem Sie die Zeit, die Sie nicht arbeiten, dazu bringen, dass Sie Geld verlieren.

Überlegen Sie, wie Ned seine Transaktionskosten hätte reduzieren können. Die Menge an Arbeit, die er in sein Geschäft steckte, wurde zu viel für ihn, um sie allein zu bewältigen, und er kam schnell an sein Maximum, wo er nicht mehr funktionieren konnte. Indem er sich die Arbeit leichter und die Desorganisation schwerer machte, hätte er sein Leben und seine Arbeit viel effizienter gestalten können. Er hätte seine schlechten Gewohnheiten (12-Stunden-Tage) zu teuer für ihn machen sollen und seine guten Gewohnheiten (Organisation) praktisch mühelos.

Sammeln Sie zuerst alle Informationen

Bei diesem System geht es darum, alles zu sammeln, was Sie für ein Projekt benötigen, bevor Sie überhaupt mit dem Projekt beginnen. Finden Sie die Informationen, die für das Projekt entscheidend sind, und versuchen Sie, Ihre Recherchephase in einem Rutsch abzuschließen. Dieses System erspart Ihnen die Zeit, die Sie für das Sammeln von Ressourcen aufwenden müssen, während Sie in Ihr Projekt vertieft sind. Sie können sich auf das Projekt konzentrieren und nicht auf das Sammeln von Ressourcen und Informationen. Dadurch werden die Hürden beseitigt, die den Schwung aufhalten.

Sie können das Momentum nutzen, um vorwärtszukommen und das Projekt leichter durchzuführen, während Sie mittendrin sind. Wenn Sie Ihre Arbeit unterbrechen müssen, um Informationen herauszufinden oder Nachschub zu besorgen, kann dies die Dynamik zerstören. Momentum ist, wenn Sie ohne Unterbrechung arbeiten und jedes abgeschlossene Ziel auf dem anderen aufbauen lassen, um das nächste Ziel leichter zu erreichen.

Zum Beispiel benötigen Sie vor einem großen Arbeitsprojekt vielleicht ein Team von Personen mit bestimmten Fähigkeiten oder einen einzelnen Partner. Vielleicht benötigen Sie einige grundlegende Hilfsmittel oder eine bestimmte Software. Überlegen Sie auch, welche Büromaterialien Sie benötigen, wie z. B. Stifte und Papier, und halten Sie diese zur Hand. Sammeln Sie alle Ressourcen, die Sie benötigen, und halten Sie sie bereit, bevor Sie mit der Arbeit beginnen. Listen Sie auch alle Informationen auf, die Sie vor der Arbeit benötigen, wie z. B. Kontaktinformationen für andere Mitarbeiter und den Abgabetermin, damit Sie diese Informationen nicht suchen müssen, während Sie beschäftigt sind. Stellen Sie sich das so vor, als würden Sie alle Lebensmittel in einer Fahrt aus dem Auto tragen.

In Kerry Pattersons Buch *"Crucial Conversations"* schlägt er einige der Informationen vor, die Sie sammeln oder bewerten müssen, bevor Sie ein Projekt in Angriff nehmen.

Weisen Sie Verantwortung zu. Fragen Sie „Wer ist für was verantwortlich?". Weisen Sie jeder Aufgabe, die erledigt werden muss, einen Namen zu. Dies ist wichtig, um Klarheit zu schaffen. Sie wollen einen Leiter haben, eine Person, die für die Budgetierung zuständig ist, eine Person, die für das Marketing zuständig ist, eine Person, die für die Personalabteilung zuständig ist, und so weiter. Finden Sie für jeden Aspekt Ihres Projekts jemanden, der damit umgehen kann. Wenn Sie alles selbst erledigen, weil Sie alleine arbeiten, dann delegieren Sie die Verantwortung an sich selbst, indem Sie Ihre Aufgaben in verschiedene Rollen aufteilen und dann jede dieser Rollen separat zu verschiedenen Zeiten ausführen, um sicherzustellen, dass Sie sie erledigen.

Legen Sie Ihr gewünschtes Ergebnis und Ihre Erwartungen fest. Seien Sie sehr spezifisch in Bezug auf das, was Sie erreichen wollen und was Sie zu tun erwarten. Ein Zielergebnis zu haben, kann Sie zum Erfolg führen, indem es Ihnen klar macht, welche Aufgaben Sie erledigen müssen und wie Sie arbeiten müssen. Legen Sie fest, wie viel Arbeit Sie erledigen wollen, wie viele Einheiten Sie verkaufen wollen, wie viel Geld Sie verdienen wollen und bis wann Sie Ihre Ziele erreicht haben wollen. Setzen Sie sich klare Ziele, die sowohl erreichbar als auch anregend sind. Sie können sich zum Beispiel die bisherigen Verkäufe ansehen und sagen: „Okay, letzten Monat haben wir 1.000 Stück verkauft. Lass uns diesen Monat 1.200 erreichen!"

Bestimmen Sie die Deadline. Wahrscheinlich haben Sie eine von Ihrem Chef oder Kunden gesetzte Frist. Wenn nicht, legen Sie selbst eine fest. Nichts motiviert Sie mehr als ein bestimmtes Datum, bis zu dem Sie ein Projekt abgeschlossen haben müssen. Deadlines können Ihnen eine klare Richtlinie dafür geben, wie Sie Ihre Zeit strukturieren und wann Sie Meilensteine erreichen müssen. Achten Sie darauf, eine realistische Deadline zu setzen – versprechen Sie niemandem das Blaue vom Himmel und sind dann nicht in der Lage zu liefern. Sie sollten eine Frist setzen, die Ihnen genügend Spielraum lässt, um etwas bis zum Ende zu erledigen, und dabei mögliche

Rückschläge und Herausforderungen berücksichtigen, die Sie Zeit kosten.

Haben Sie einen Folgeplans. Sie sollten Ihr aktuelles Ziel nicht als die Ziellinie betrachten, denn das Leben geht weiter, nachdem Sie das Ziel erreicht haben. Was passiert nach dem Projekt? Was machen Sie als nächstes? Erstellen Sie einen Plan für die Schritte, die Sie nach Abschluss eines Projekts unternehmen werden, und welche Ziele Sie weiterverfolgen werden. Dies kann Sie motivieren, da Sie mehr Dinge haben, auf die Sie sich freuen können.

Beachten Sie auch Folgendes.

Sammeln Sie physische Ressourcen. Sie werden verschiedene Dinge brauchen, um etwas zu erledigen – Geld, Arbeitskraft, Software, Büromaterial, Materialien. Finden Sie heraus, was Sie brauchen, und beschaffen Sie alles.

Identifizieren Sie Hindernisse. Wenn Sie die Hindernisse im Voraus kennen, können Sie bestimmen, wie Sie sie abmildern können. Menschen sind voller Enthusiasmus, wenn sie Ideen brainstormen; sie sehen nur Sonnenschein und sind begierig, weiterzumachen. Wenn jedoch unerwartete Hindernisse auftauchen, lässt der Enthusiasmus nach und es stellt sich Trägheit ein. Wenn alle Beteiligten wissen, was auf sie zukommt, und diese Hindernisse als Hürden betrachten, die es im Team zu überwinden gilt, dann wird die Moral nicht so stark beeinträchtigt. Wenn Sie keine Hindernisse sehen, müssen Sie mehr Brainstorming betreiben, um mögliche Fallstricke zu berücksichtigen.

Zurück zu unserem Beispiel des armen Ned. Stellen Sie sich vor, wie viel einfacher die Dinge für ihn gewesen wären, wenn er zuerst seine Ressourcen organisiert und Informationen gesammelt hätte. Als Erstes hätte er sein Büro organisieren und Notizen dort ablegen sollen, wo er sie leicht finden würde, wenn er sie braucht. Als Nächstes hätte er Softwareprogramme finden sollen, die es ihm ermöglicht hätten, E-Mails, Newsletter, Angebote und Rechnungen zu automatisieren, was die Arbeitslast, die er selbst zu tragen hatte, verringert hätte. Schließlich hätte er das Arbeitsaufkommen vorhersehen müssen, damit er seine Zeit besser einteilen und sein Arbeitspensum effizienter bewältigen kann. Er hätte Fristen setzen und dafür sorgen sollen, dass sie eingehalten werden. Er hätte in Erwägung ziehen können, jemand anderen einzustellen, der ihm einen Teil der Verantwortung abnimmt, wenn er den Arbeitsanfall vorhergesehen hätte.

Außerdem hätte er Herausforderungen erkennen und sich darauf vorbereiten müssen, wie z. B. ein zu hohes Arbeitspensum. Dann hätte er diese Herausforderungen mit ein wenig Voraussicht entschärfen können. Das Sammeln all dieser Ressourcen im Vorfeld hätte Ned so viel Arbeit erspart, nachdem er sein Unternehmen gegründet hatte.

Tägliche Systeme rationalisieren die Arbeit und verringern die Menge an Willenskraft, die Sie benötigen, um im Leben weiterzumachen. Sie machen Handlungen systematisch und fördern so den Fortschritt. Sie können Misserfolge in Ihrem Leben vermeiden, indem Sie Systeme nutzen, um Effizienz und Vorwärtsbewegung zu implementieren. Seien Sie nicht wie Ned. Nutzen Sie täglich

Systeme, um sich selbst zum Erfolg zu treiben.

Wichtige Erkenntnisse:

- Systeme sind Sets von täglichen Verhaltensweisen. Es muss nicht komplexer sein als das. Systeme stehen in krassem Gegensatz zu Zielen, denn Ziele sind einmalige Errungenschaften, während Systeme die Beständigkeit und den langfristigen Erfolg betonen.
- Systeme helfen Ihnen, etwas durchzuziehen, wenn Ihre Motivation niedrig ist. Sie reduzieren die Überforderung und ermöglichen es Ihnen, auf Autopilot zu arbeiten, um Energie zu sparen und effizienter zu sein.
- Was verfolgt wird, kann verbessert werden. Führen Sie eine Punktetafel für alles Große und Triviale. So bleiben Sie motiviert und streben nach Wachstum und Fortschritt. Es gibt Ihnen auch etwas Konkretes, mit dem Sie arbeiten können, so dass alle Anpassungen und nachfolgenden Ziele nicht nur Wunschdenken sind, sondern auf Daten beruhen.

- Stellen Sie sicher, dass Sie sich die Zeit nehmen, sich zu freuen und stolz auf Erreichtes auf dem Weg zu sein! Dies stärkt die Gewohnheit Ihres Systems und hält Sie aufrecht.

- Managen Sie Ihre Zeit besser, indem Sie verstehen, wie lange Dinge in der Realität dauern und Ihre eigenen Macken und Ineffizienzen berücksichtigen. Nutzen Sie Routinen, um Ihre Zeit bewusst zu strukturieren. Seien Sie ehrlich darüber, wie lange Aktivitäten dauern und behalten Sie Ihren tatsächlichen Fortschritt im Auge – und passen Sie ihn dann entsprechend an.

- Senken Sie Ihre Transaktionskosten, indem Sie unerwünschte Verhaltensweisen unbequem und umständlich und erwünschte Verhaltensweisen bequem und einfach machen. Wenn Sie über die Dinge in Form von Kosten und Belohnungen nachdenken, können Sie eine Art internes Budget aufstellen, das Sie stärker auf Ihre Ziele ausrichtet.

- Sammeln Sie alle Informationen und Materialien, die Sie benötigen, auf einmal und bevor Sie loslegen. So können Sie unterbrechungsfrei arbeiten und in Schwung kommen.

- Stellen Sie sicher, dass Sie wissen, wer wofür verantwortlich ist, dass Sie Ihre Erwartungen an das Ergebnis sehr genau formulieren, dass Sie eine klare Frist und einen Plan für die Nachbereitung festlegen, dass Sie Ihre Ressourcen zusammenstellen, bevor Sie beginnen, und dass Sie mögliche Hindernisse erkennen, *bevor* Sie loslegen. All dies wird dafür sorgen, dass Sie vorbereitet sind und die Kontrolle behalten, anstatt später reaktiv zu handeln.

Zusammenfassung

KAPITEL 1. HÖR AUF ZU DENKEN, MACH EINFACH

- Die Kunst des Durchziehens ist etwas, das es Ihnen ermöglicht, das Leben zu erschaffen, das Sie eigentlich wollen, anstatt sich mit dem Leben zufrieden zu geben, das Sie derzeit haben.
- Man kann sagen, dass es aus vier Teilen besteht: Fokus, Selbstdisziplin, Tatkraft und Beharrlichkeit – alle gleich wichtig.
- Es ist jedoch nicht so einfach. Nur weil man weiß, dass man etwas tun muss, tut man es nicht automatisch. Es gibt gewichtige Gründe, warum wir gewisse Dinge nicht zu Ende bringen und oft nicht durchziehen. Diese Gründe lassen sich generell in zwei Kategorien aufteilen: Hemmende Taktiken und psychologische Blockaden.
- Hemmende Taktiken sind die Art und Weise, wie wir gegen uns selbst planen, ohne es überhaupt zu merken. Dazu

gehören (1) das Setzen schlechter Ziele, (2) Prokrastination, (3) das Nachgeben gegenüber Versuchungen und Ablenkungen und (4) schlechtes Zeitmanagement.

- Psychologische Blockaden sind die Wege, die wir nicht beschreiten, weil wir uns unbewusst selbst schützen wollen. Dazu gehören (1) Faulheit und mangelnde Disziplin, (2) Angst vor Verurteilung, Ablehnung und Versagen, (3) Perfektionismus aus Unsicherheit und (4) mangelndes Selbstbewusstsein.

KAPITEL 2: BLEIB HUNGRIG

- Wie bleiben wir hungrig und motiviert? Indem man in die Tiefe geht und sich wirklich fragt, welche inneren und äußeren Motivatoren einem zur Verfügung stehen – eine Aufgabe, die selten erfüllt wird.

- Externe Motivatoren sind, wenn wir andere Menschen, Orte und Dinge nutzen, um uns zum Handeln zu bewegen. Meistens handelt es sich dabei um Methoden, mit denen wir negative

Konsequenzen in Bezug auf andere Menschen, Orte und Dinge vermeiden wollen. Zu diesen Methoden gehören Accountability-Partner und Accountability-Gruppen, das Investieren von Geld sowie die Selbstbestechung.

- Interne Motivatoren sind, wenn wir uns darauf konzentrieren, wie wir unser Leben verbessern können. Dies sind universelle Bedürfnisse, Antriebe und Wünsche, die man leicht aus den Augen verlieren kann. Der einfachste Weg, diese zu finden, ist die Beantwortung einer Reihe von Fragen, wie: *Wie werde ich davon profitieren* und *wie wird sich mein Leben dadurch verbessern?* Erst durch die Beantwortung dieser Fragen erkennen Sie, was Sie vernachlässigen.

- Alles, was wir erreichen wollen, ist mit Opportunitätskosten verbunden. Wir müssen Opfer bringen, selbst wenn es das Fernsehen auf der Couch ist. Wir können mit diesem mentalen Hindernis umgehen, indem wir mit dem Kosten-Nutzen-Verhältnis spielen, sodass die Kosten minimiert oder der Nutzen maximiert wird.

- Es hat sich gezeigt, dass Motivation am besten funktioniert, wenn wir an sie erinnert werden – ansonsten gilt: Aus den Augen, aus dem Sinn. Daher sollten Sie überall um sich herum Hinweise auf Ihre Motivation haben – aber achten Sie darauf, dass sie deutlich und einprägsam sind, dass Sie alle fünf Sinne nutzen (sogar den Geschmack) und dass Sie sie regelmäßig ändern und austauschen, um zu vermeiden, dass Sie sich an sie gewöhnen und sie vergessen.

KAPITEL 3: ERSTELLE EIN MANIFEST

- Ein Manifest ist nichts anderes als eine Reihe von Regeln, die wir jeden Tag befolgen. Wir mögen Regeln hassen, aber sie nehmen das Rätselraten aus unseren Tagen und geben uns Richtlinien, die wir befolgen können. Sie machen die Dinge schwarz und weiß, was hilfreich ist, um sie durchzuziehen, weil es einfach keine andere Wahl gibt.
- Regel 1: Handeln Sie aus Faulheit? Wenn nicht, dann machen Sie weiter mit Ihrer Aufgabe. Wenn ja, ist das eine Charakterisierung, die Sie über sich selbst wollen?

- Regel 2: Übernehmen Sie nur maximal drei wichtige Aufgaben pro Tag. Unterscheiden Sie zwischen wichtigen Aufgaben, dringenden Aufgaben und einfacher Zeitverschwendung.
- Regel 3: Setzen Sie sich täglich Einschränkungen und Anforderungen. Diese halten Sie innerhalb der Grenzen dessen, was Sie tun müssen. Dies sind auch die Bausteine für gute Gewohnheiten.
- Regel 4: Manchmal verlieren wir aus den Augen, was wir erreichen wollen. Bekräftigen Sie daher Ihre Absichten, indem Sie Aussagen wie „Ich will", „Ich werde" und „Ich werde nicht" formulieren. Möglicherweise müssen Sie diese täglich neu lesen, um Ihre Absichten aufzufrischen.
- Regel 5: Versuchen Sie, in die Zukunft zu schauen, jeweils 10 Minuten, 10 Stunden und 10 Tage. Gefällt Ihnen, was Sie sehen, wenn Sie die Dinge im jetzigen Moment nicht durchziehen? Sind es die Kosten des zukünftigen Ichs wert? Wahrscheinlich nicht.
- Regel 6: Es sind nur 10 Minuten, richtig? Wenn Sie also aufhören wollen, machen Sie nur 10 Minuten weiter. Und wenn Sie

warten müssen, sind es auch nur 10 Minuten.

KAPITEL 4: DIE DENKWEISE DES DURCHZIEHENS

- Durchhaltevermögen ist zu 100% mental, was bedeutet, dass es wahrscheinlich eine gute Idee ist, über die Denkweisen zu sprechen, die Sie zu verkörpern versuchen.
- Denkweise 1: Alles lohnt sich. Wenn Sie das Gefühl haben, dass Ihre harte Arbeit Sie irgendwohin bringt, dass Sie dazugehören und genauso gut sind wie alle anderen, und dass Sie die Auswirkungen auf Ihre Gesamtziele spüren, ist es einfacher, am Ball zu bleiben.
- Denkweise 2: Gewöhnen Sie sich an Unbehagen. Bei Veränderungen ist Unbehagen unvermeidlich. Alles, was Sie tun wollen, wird Elemente an Unannehmlichkeiten haben, es sei denn, Sie wollen einfach den ganzen Tag allein fernsehen. Wenn Sie sich also an dieses Gefühl gewöhnen, können Sie das, was

Sie wollen, ohne Angst in Angriff nehmen.

- Denkweise 3: Ohne durchzuhalten, werden Sie nicht lernen. Nur wenn Sie etwas beenden, können Sie sich selbst bewerten und Ihre Fehler korrigieren. Verinnerlichen Sie eine Denkweise, die Informationen sammelt.
- Denkweise 4: Die schädliche Auswirkung von Stress und Angst kann nicht stark genug betont werden. Sogar schlechte Laune ist gefährlich für Ihre Produktivität und Ihr Durchsetzungsvermögen. Seien Sie sich dessen bewusst und ergreifen Sie proaktive Maßnahmen, um Ihren Stresspegel zu regulieren.

KAPITEL 5: DIE WISSENSCHAFT DER ÜBERWINDUNG DER PROKRASTINATION

- Die Prokrastination zu bekämpfen ist ähnlich, wie den Stein des Sisyphos zu bewegen. Man kann ihn ein Stück weit zurückschieben, aber er ist so natürlich, dass man ihn nie ganz loswerden wird. Das Problem ist typisch für die Zeitinkonsistenz, bei der wir zwei Ichs haben, deren Wünsche sich nicht überschneiden – das eine will Befriedigung in der Zukunft, das andere will sie jetzt.

- „Temptation Bundling" ist eine effektive Methode, um Prokrastination zu bekämpfen. Sie besteht darin, Ihre unangenehmen Aufgaben mit etwas Angenehmem zu kombinieren. Das funktioniert vor allem deshalb, weil Sie gegen Zeitinkonsistenz ankämpfen und beiden Ichs gleichzeitig geben, was sie wollen.

- Fangen Sie einfach und klein an. Prokrastination gedeiht durch Trägheit. Deshalb müssen Sie den Weg zur Bewegung und zum Handeln so einfach wie möglich machen. Dann können Sie irgendwann in Schwung kommen – das Gegenteil von Trägheit.

- Manchmal erfordert der Kampf gegen die Prokrastination einfach einen Tritt in den Hintern. Angst und produktive Paranoia können das mit Ihnen machen – wenn Sie sich so sehr vor den negativen Auswirkungen fürchten, die auf Sie zukommen werden, dann werden Sie sicherlich zum Handeln angespornt.

Aber dies ist keine Methode, die man sehr häufig anwenden sollte.

KAPITEL 6. ABLENKUNGSFREIE ZONE

- Minimieren Sie die Ablenkungen in Ihrer Umgebung. Es stellt sich heraus, dass das Sprichwort „aus den Augen aus dem Sinn" tatsächlich Ablenkungen reduziert – also halten Sie nichts Stimulierendes in der Nähe Ihres Arbeitsplatzes, sonst wird sich Ihre Willenskraft langsam erschöpfen.
- Legen Sie, wo immer möglich, Standardaktionen an. Das ist der Weg, der Sie am einfachsten und mit dem geringsten Widerstand vorantreibt. Dies geschieht auch durch Kuratieren und Gestalten Ihrer Umgebung für Produktivität.
- Singletasking ist ein wichtiges Konzept, weil es die Schwächen des Multitasking eindeutig belegt. Wenn Sie von Aufgabe zu Aufgabe wechseln, erzeugen Sie einen Aufmerksamkeitsrückstand. Das bedeutet, dass Sie eine Weile brauchen, um sich auf jede neue Aufgabe einzustellen, selbst wenn Sie bereit mit

ihr vertraut waren. Sie können dies durch Singletasking und auch durch Batching beseitigen, d. h. wenn Sie alle ähnlichen Aufgabentypen zusammen erledigen, um Ihre geistige Effizienz zu nutzen.

- Eine "Don't-do"-Liste kann genauso mächtig sein wie eine "To-do"-Liste, weil uns selten gesagt wird, was wir ignorieren sollen. Infolgedessen können diese Ablenkungen oder schleichenden Zeitfresser in unseren Raum eindringen, ohne dass wir überhaupt wissen, dass wir überlistet werden. Nehmen Sie Aufgaben auf, bei denen Sie nicht weiterkommen, Fortschritte machen oder die nicht weiterhelfen.

- Die 40-70-Regel besagt, dass Sie Untätigkeit durch die Menge an gesuchten Informationen besiegen. Wenn Sie weniger als 40% an Informationen haben, handeln Sie nicht. Wenn Sie aber 70% haben, müssen Sie handeln. Sie werden nie 100% haben, und die Chancen stehen gut, dass 70% mehr als ausreichend sind – den Rest lernen Sie sowieso auf dem Weg.

- Schließlich möchten Sie vielleicht von Zeit zu Zeit nichts tun. Das ist Ruhe und

Entspannung – aber Sie sollten es als mentale Erholung betrachten. Was macht ein Sportler zwischen Rennen oder Wettkämpfen? Genau – sie erholen sich, damit sie wieder bereit sind, wenn es weitergeht.

KAPITEL 7: TÖDLICHE FALLSTRICKE

- Die Fallstricken beim Durchziehen und Beenden dessen, was man anfängt? Zu viele, um sie zu aufzulisten. Aber einige wenige in diesem Kapitel sind stärker und gefährlicher als die meisten.
- Das Syndrom der falschen Hoffnung ist, wenn Sie erwarten, dass Sie sich in einem unrealistischen Ausmaß verändern oder verbessern können. Ein Wenn Sie dieses Ziel unweigerlich verfehlen, gibt es eine sehr reale Rückwirkung, die dazu führt, dass Sie noch weniger motiviert und diszipliniert sind als vorher. Um dem entgegenzuwirken, setzen Sie richtige Erwartungen, die auf Ihrer Vorgeschichte basieren, und verstehen

Sie den Unterschied zwischen Zielen und Erwartungen.

- Überdenken ist heimtückisch, weil es sich wie Handeln anfühlt und es fühlt sich sogar produktiv an. Ist es aber nicht. Überdenken ist, wenn Sie sich fixieren und nicht den ersten Schritt zum Handeln machen können. Konzentrieren Sie sich auf die wichtigen Details, ignorieren Sie absichtlich alles andere, und Sie werden viel mehr Klarheit spüren.

- Sorgen machen Sie sich, wenn Sie sich auf etwas fixieren und unweigerlich anfangen, die negativen Szenarien und Fallstricke zu entwerfen. Sorgen machen Sie sich aber auch, wenn Sie sich auf Dinge fixieren, die Sie nicht kontrollieren können, während Sie ignorieren, was Sie kontrollieren können – die Gegenwart. Die Lösung ist, sich auf das zu konzentrieren, was Sie jetzt und nur jetzt tun können.

- Kennen Sie sich selbst? Nun, wie sieht es mit der Produktivität aus und wie Sie am besten arbeiten? Sie können Tageszeit, Umgebung, Einstellung und so weiter berücksichtigen. Aber Sie sollten bedenken, dass sich selbst zu kennen auch die Fähigkeit ist, sich selbst zu betrachten und zu verstehen, warum Sie vielleicht versagt haben oder zu kurz gekommen sind. Es ist die Fähigkeit zur Selbstdiagnose und Selbsterkenntnis.

KAPITEL 8. TÄGLICHE SYSTEME FÜR DEN ERFOLG

- Systeme sind Sets von täglichen Verhaltensweisen. Es muss nicht komplexer sein als das. Systeme stehen in krassem Gegensatz zu Zielen, denn Ziele sind einmalige Errungenschaften, während Systeme die Beständigkeit und den langfristigen Erfolg betonen.
- Sie eine Punktetafel für alles Große und Triviale. So bleiben Sie motiviert und streben nach Wachstum und Fortschritt.
- Managen Sie Ihre Zeit besser, indem Sie verstehen, wie lange Dinge in der Realität dauern und Ihre eigenen Macken und Ineffizienzen berücksichtigen.
- Senken Sie Ihre Transaktionskosten, indem Sie unerwünschte Verhaltensweisen unbequem und umständlich und erwünschte

Verhaltensweisen bequem und einfach machen.

- Sammeln Sie alle Informationen und Materialien, die Sie benötigen, auf einmal und bevor Sie loslegen. So können Sie unterbrechungsfrei arbeiten und in Schwung kommen.